"一带一路"沿线国家教育政策法规研究丛书

波兰、捷克
教育政策法规

主编 / 张德祥 李枭鹰

编译 / 耿智 耿宁荷 王玉平 夏莹 汤琦 莫眉

大连理工大学出版社
Dalian University of Technology Press

图书在版编目(CIP)数据

波兰、捷克教育政策法规 / 耿智等编译. — 大连：
大连理工大学出版社，2020.12
("一带一路"沿线国家教育政策法规研究丛书 /
张德祥，李枭鹰主编)
ISBN 978-7-5685-2437-7

Ⅰ.①波… Ⅱ.①耿… Ⅲ.①教育政策－波兰②教育
法－波兰③教育政策－捷克④教育法－捷克 Ⅳ.
①D951.321.6②D952.421.6

中国版本图书馆 CIP 数据核字(2020)第 000176 号

BOLAN JIEKE JIAOYU ZHENGCE FAGUI

大连理工大学出版社出版

地址：大连市软件园路 80 号   邮政编码：116023
发行：0411-84708842   邮购：0411-84708943   传真：0411-84701466
E-mail：dutp@dutp.cn   URL：http://dutp.dlut.edu.cn
上海利丰雅高印刷有限公司印刷   大连理工大学出版社发行

幅面尺寸：185mm×260mm   印张：12.5   字数：265 千字
2020 年 12 月第 1 版   2020 年 12 月第 1 次印刷

责任编辑：于 泓   责任校对：白 璐
封面设计：奇景创意

ISBN 978-7-5685-2437-7   定 价：88.00 元

本书如有印装质量问题，请与我社发行部联系更换。

总　序

　　共建"一带一路"是中国提出的伟大倡议,也是中国与"一带一路"沿线国家的共同愿望。"一带一路"倡议出自中国,却不只属于中国,而属于"一带一路"沿线所有国家,乃至全世界。中国是"一带一路"的倡导者和推动者,沿线所有国家是"一带一路"的共商者、共建者和共享者。

　　为推进共建"一带一路"伟大倡议,让古丝绸之路焕发新的生机与活力,以新的形式使亚欧非各国联系更加紧密,互利合作迈向新的历史高度,中国政府于 2015 年 3 月 28 日发布了《推动共建丝绸之路经济带和 21 世纪海上丝绸之路的愿景与行动》,强调"一带一路"是促进共同发展、实现共同繁荣的合作共赢之路,是增进理解信任、加强全方位交流的和平友谊之路。中国政府倡议,秉持和平合作、开放包容、相互借鉴、互利共赢的理念,全方位推进务实合作,打造政治互信、经济融合、文化包容的利益共同体、命运共同体和责任共同体。

　　为贯彻落实《推动共建丝绸之路经济带和 21 世纪海上丝绸之路的愿景与行动》,2016 年 7 月 13 日中华人民共和国教育部牵头制定了《推进共建"一带一路"教育行动》。该文件指出,推进共建"丝绸之路经济带"和"21 世纪海上丝绸之路",为推动区域教育大开放、大交流、大融合提供了大契机。"一带一路"沿线国家教育加强合作、共同行动,既是共建"一带一路"的重要组成部分,又为共建"一带一路"提供人才支撑。中国愿与沿线国家一道,扩大人文交流,加强人才培养,共同开创教育的美好明天。

　　自共建"一带一路"倡议提出至 2019 年 8 月底,已有 136 个国家和 30 个国际组织与中国签署了 195 份共建"一带一路"合作文件。"一带一路"是一个多极的和多文化的世界,无论是政治、经济、文化、教育、生态还是种族、民族、宗教、习俗等,不同国家或地区之间存在这样或那样的差异。因此,只有全面了解民间需求与广泛民意,消除误解误判,只有国家的学者、企业家、政府部门、民间组织和民众充分理解各国的国际关系、宗教信仰、历史文化、风俗习惯、法律法规和民心社情,才能更好地推动"一带一路"建设。也就是说,"一带一路"沿线国家建立政治互信、经济融合、文化包容的利益共同体、命运共同体和责任共同体,必须根基于沿线国家间的"文化理解或认同",而这又与教育尤其是高等教育的交流合作密切相关。

教育政策法规是了解一个国家教育发展状况和治理水平的重要窗口,是各国之间教育合作交流的基本依据。为此,教育部牵头制定的《推进共建"一带一路"教育行动》呼吁沿线国家"加强教育政策沟通",即通过开展"一带一路"教育法律、政策协同研究,构建沿线各国教育政策信息交流通报机制,为沿线各国政府推进教育政策互通提供依据与建议,为沿线各国学校和社会力量开展教育合作交流提供政策咨询;积极签署双边、多边和次区域教育合作框架协议,制定沿线各国教育合作交流国际公约,逐步疏通教育合作交流政策性瓶颈,实现学分互认、学位互授联授,协力推进教育共同体建设。

大连理工大学切实贯彻《推进共建"一带一路"教育行动》的精神,精心谋划和大力支持"一带一路"教育研究。该校原党委书记张德祥教授带领课题组成员克服文本搜集、组建团队、筹措经费等多重困难,充分发挥学校高等教育研究院、"一带一路"高等教育研究中心、中俄暨独联体合作研究中心以及教育部国别和区域研究中心"独联体国家研究中心"的优势和特色,积极参与和服务于"一带一路"的推进和共建,编译"一带一路"沿线国家教育政策法规,并在国内率先开展"一带一路"沿线国家教育政策法规研究,具有很好的教育发展战略意识和强烈的服务国家发展战略的责任感和使命感。中国高等教育学会大力支持这项工作,将"'一带一路'国家高等教育政策法规研究"立项为 2016 年高等教育科学研究"十三五"规划重大攻关课题,并建议课题组首先聚焦于编译"一带一路"沿线国家的教育法、高等教育法以及教育中长期发展规划等,及时为国家推进共建"一带一路"教育行动搭建教育政策沟通桥梁。该课题组根据中国高等教育学会专家组的意见,组织力量,编译了这套《"一带一路"沿线国家教育政策法规研究丛书》。作为中国高等教育学界的一名老兵,看到自己的学生们带领国内一批青年学者甘于奉献、不辞辛劳、不畏艰难,率先耕耘在"一带一路"沿线国家教育研究这片土地上,我由衷地感到欣慰。同时,大连理工大学出版社全力支持这套丛书的出版,不遗余力地为丛书的出版工作提供支持,使这套丛书能及时出版发行。最后,我真诚地希望参与这项工作的师生们努力工作,高质量、高水平地把编译成果呈现给"一带一路"的教育工作者。

是为序。

潘懋元于厦门大学高等教育研究中心

2019 年 9 月 10 日

前　言

　　2015 年 3 月 28 日《推动共建丝绸之路经济带和 21 世纪海上丝绸之路的愿景与行动》和 2016 年 7 月 13 日《推进共建"一带一路"教育行动》的相继颁布,将"政策沟通"置于"五通"之首,让我们意识到编译《"一带一路"沿线国家教育政策法规研究丛书》的重要性和紧迫性。对我们来说,承担这一艰巨任务是一种考验,更是一种使命。

　　2016 年中国高等教育学会组织申报高等教育科学研究"十三五"规划课题,将"'一带一路'背景下我国高等教育国际化研究"列入重大攻关课题指南。我们在这个框架之下组织申报的"'一带一路'国家高等教育政策法规研究",获得了中国高等教育学会专家组的认可和支持,这对我们是极大的鞭策和鼓励。2016 年 11 月,我们认真筹备和精心谋划,参加了中国高等教育学会组织的开题论证工作,汇报了课题的研究设想。听取了专家组的宝贵意见后,我们及时调整了课题研究重心。我们考虑首先要聚焦于编译"一带一路"沿线国家教育政策法规,因为,我们对许多国家的高等教育政策法规还不了解,国内也缺乏这方面的资料。编译这些资料既可以为我们日后的研究打下基础,也可以为其他研究者和部门进行相关研究、制定政策提供基础性的资料和参考。于是,我们调整了工作思路,即先编译,然后再进行研究。同时,考虑到许多国家的高等教育政策法规常常包括在教育政策法规中,我们的编译从"高等教育政策法规"拓展到"教育政策法规",这种转变正好呼应了《推进共建"一带一路"教育行动》中的"政策沟通"。

　　主编《"一带一路"沿线国家教育政策法规研究丛书》,是一项相当繁重和极其艰辛的工作,其中的酸甜苦辣只有经历了才能体会到。第一,参与共建"一带一路"的国家相当多,截至 2019 年 8 月底,已有 136 个国家和 30 个国际组织与中国签署了共建"一带一路"合作文件。这套教育政策法规研究丛书虽然只涉及其中的 69 个国家,但即使是选择性地编译这些国家的教育法、高等教育法以及中长期教育发展规划等,也需要大量的人力、财力等的支持。第二,不少"一带一路"沿线国家的教育本身不够发达,与之密切关联的教育政策法规通常还在制定和健全之中,我们只能找到和编译那些现已出台的政策法规文本,抑或某些不属于政策法规却比较重要的文献。编译这类教育政策法规时,我们根据实际需要对某些文本进行了适当删减。由于编译这套丛书的工作量很大、历时较长,我们经常刚编译完某些国家旧有的教育政策法规,新的教育政策法规又出台了，我们不得不再次翻译最新的文本而舍弃旧有的文本。如此反反复复，做了不少"无用功"。即便如此，我们依然不敢担保所编译的教育政策法规是最新的。第三，"一带一路"沿线国家或地区的官方语言有 80 多种，涉及非通用语种 70 种（这套教育政策法规研究丛书涉及的 69 个国家，官方语言有 50 多种），我们竭尽全力邀请谙熟非通用语种的人士加盟，但依然还很不够。由于缺乏足够的谙熟非通用语种的人士加盟，很多教育政策法规被迫采用英文文本。在编译过程中，我们发现那些非英语国家的英文文本的表达方式与标准英文经常存在很大的出入，而且经常夹杂着这样或那样的"官方语言"或"民族语言"。这对编译工作是一个极大的挑战和考验，我们做到了尽最大努力去克服和处理。譬如，新西兰是一个特别注重原住民及其文化的国家，其教育政策法规设有专门的毛利语教育板块，因而文本中存有大量的毛利语。为了翻译这些毛利语，编译者查阅了大量有关毛利文化的书籍和文献，有时译准一个毛利语词语要花上数十天甚至更长的时间。类似的情况经常碰到，编译者们付出了难以计量的劳动，真诚地希望这套丛书的出版能给他们带来足够的精神上的慰藉。

为了顺利推进研究工作，我们围绕研究目标和研究重点，竭尽全力组建结构合理的研究团队，制订详尽的研究计划，规划时间表和线路图，及时启动研究工作，进入研究状态。大连理工大学积极参与"一带一路"建设，高度重视"一带一路"沿线国家教育研究工作，成立了"'一带一路'高等教育研究中心"、"中俄暨独联体合作研究中心"和教育部国别和区域研究中心"独联体国家研究中心"。大连理工大学、大连外国语大学、大连民族大学、杭州师范大学、广西民族大学、广西财经学院、广西职业技术学院、广西桂林市委党校、南开大学、海南大学、重庆大学、赤峰学院、天津市教育科学研究院等单位的有关专家、学者、教师、学生积极参与此项工作，没有他们的艰辛付出和辛勤劳动，编译工作将举步维艰。这项工作得到了大连理工大学出版社的大力支持，出版社的同志们不畏艰辛、不厌其烦、不计回报，为这套丛书的出版付出了难以想象的汗水和精力。对此，课题组由衷地表示感谢。

张德祥　李枭鹰
2019 年 9 月 8 日

目 录

波　兰

　　波兰,全称波兰共和国,位于欧洲中部,西与德国为邻,南与捷克、斯洛伐克接壤,东邻俄罗斯、立陶宛、白俄罗斯、乌克兰,北濒波罗的海。海岸线长528千米。属海洋性向大陆性气候过渡的温带阔叶林气候。国土面积32.26万平方千米,总人口3 839万(2019年6月)。其中波兰族约占97.1%(2016年),此外还有德意志、白俄罗斯、乌克兰、俄罗斯、立陶宛、犹太等少数民族。官方语言为波兰语。全国约87%的居民信奉罗马天主教。

　　1997年4月,波兰国民大会通过新宪法。规定众议院和参议院拥有立法权,总统和政府拥有执法权,法院和法庭行使司法权;经济体制的基础为经济自由化、私有制等原则;武装力量在国家政治事务中保持中立。根据新宪法,如总统否决了议会或政府提交的法案,议会可以五分之三的多数否决总统的决定。议会由众议院和参议院组成,是国家最高立法机构,任期4年。

　　加入欧盟后,波兰的经济突飞猛进。2015年,经济增长3.6%,经济总量居欧盟成员国第8位。2016年经济增长2.8%,经济总量居欧盟成员国第10位。2017年,经济增长4.6%,经济总量居欧盟成员国第8位。2018年,经济增长5.1%,经济总量居欧盟成员国第8位(含英国)。2019年,经济增长4.1%,经济总量位列欧盟第7位(不含英国)。

　　从2017年9月1日起,波兰实行新的国民教育体制,取消初中,分为小学8年,普通中学4年或职业/技术学校2~5年。高等教育一般为3或5年。2018年,国民基础教育支出约38.89亿兹罗提(约合9.3亿美元),高等教育与科研经费支出约为161.00亿兹罗提(约合38.5亿美元),分别占GDP的0.2%和0.8%。著名高等学府有克拉科夫雅盖隆大学(1364年)、华沙大学(1816年)、波兹南密茨凯维奇大学(1919年)、华沙工业大学等。

注:以上资料数据参考依据为中国外交部官方网站波兰国家概况(2020年10月更新)。

波兰高等教育法①

(2005 年 7 月 27 日颁布实施)

第 1 部分　高等教育体制

第 1 章　总则

第 1 条

1.本法适用于公立及私立高等学校。

2.本法不适用于未取得政府授权的、由教堂或宗教团体管理的高等学校(卢布林天主教大学)。

第 2 条

1.本法中:

(1)高等学校指依本法要求成立的、提供学历教育的机构。

(2)公立高等学校指由国家或国家授权的有关部门所设的高等学校。

(3)私立高等学校指由自然人或法人团体,而非国家、地方权力机关管理及公共行政部门设立的高等学校。

(4)私立高等学校的创始人是本条第 3 项提到的自然人或法人团体,即按照本法第 26 条第 3 款的规定创办高等学校的自然人或团体。

(5)学位教育是指由获得政府授权的高等学校开设的第 1 阶段教育(本科教育)、第 2 阶段教育(硕士教育)或长周期学习项目(本硕连读)。

(6)已撤销。

(7)第 1 阶段教育面向持有中等教育的学历者。完成此阶段学习,可获得第 1 阶段教育文凭,即本科文凭。

(8)第 2 阶段教育面向持有第 1 阶段及以上文凭者,即面向持有本科及以上文凭者。完成此阶段学习,可获得第 2 阶段教育文凭,即硕士文凭。

---

① 本文件为《高等教育法》(2005 年 7 月 27 日颁布实施)译本,仅作为文献资料使用。波兰官方法案为波兰境内唯一有效法案。2005 年修订后刊登在公报上的波兰语原件(第 165 号,共 1 365 条),同样具有法律效力。

（9）长周期学习项目面向持有中等教育学历者。完成此阶段学习，可获得第2阶段教育文凭，即硕士文凭。

（10）第3阶段教育即博士教育。面向持有第2阶段教育文凭者。完成此阶段学习，可获得由高等学校的学术单位、波兰科学院、研究院或其他依法设立的国际知名科研院所颁发的第3阶段教育文凭，即博士文凭。

（11）非学位教育是为持有第1阶段教育文凭者开设的水平教育。由高等学校、波兰科学院、研究院所或研究生医学中心开设。完成此阶段学习，可获得研究生学历。

（11a）教育形式：采用全日制教育和非全日制教育。

（12）全日制教育是指要求教师和学生直接参与半数以上课程的学习形式。

（13）非全日制教育是指不同于全日制教育的学习形式，由高等学校参议会自行决定时间。

（14）专业领域是高等学校中的一个部分或某种科学门类的分支，以专业课形式呈现。

（14a）学科领域即某个知识领域内的知识体系。详情见《学位职称与艺术学位职称法》（2003年3月14日颁布实施）。

（14b）学习计划既是高等学校依据高等教育资格国家框架制定的预期学习成果的说明，也是为实现此成果所采取的教育方式的说明，包括各个学科的学分分配（欧洲学分）。

（15）已撤销。

（16）已撤销。

（17）已撤销。

（18）教育及培训标准是指根据欧盟相关法规制定的一系列学位课程要求，旨在帮助学生了解并达到各专业的教学要求。

（18a）国家高等教育资格框架是将波兰高等教育体系内所有的高等教育资格以学习成果的方式展现的框架。

（18b）学历证书是指主管机构颁发的文凭、证书或其他形式的文件，以证明学习成果。

（18c）学习成果是指通过阶段学习应掌握的知识、技能及相应的社会实践能力。

（18d）欧洲学分转化系统是用欧洲教育体制累计学分、测评学生学习量是否达标的学分体系。

（18e）学位简介即对学生实践能力或理论知识的简述。

（18f）第1阶段学位是指学士学位或专业领域内的同等学力资格，颁发完成第1阶段教育的文凭证明。

（18g）第2阶段学位是指硕士学位或专业领域内的同等学力资格，颁发完成第2阶段教育的文凭证明。

（18h）第3阶段学位是指完成博士阶段课程后获得的博士学位。要求详见《学位职称与艺术学位职称法》（2003年3月14日颁布实施）。

（18i）非研究生学历用于证明此人已完成非研究生学习课程，并已达到相关要求。

(18j)高等学校分校是指由两个以上学术单位构成的不在主校区的学术单位。

(18k)学生是指通过录取而在高等学校学习的学习者。

(18l)博士生是指博士生课程的学习者。

(18m)非学历研究生是指学习非研究生课程的学习者。

(19)入学考试是指决定个人是否能进入高等学校的选拔方式。

(20)已撤销。

(21)已撤销。

(22)高等学校是指提供学士学位教育的机构,至少设有1个博士点。

(23)非高等学校是指提供第1阶段教育、第2阶段教育和长周期学习项目的机构,无博士学位点。

(24)军事高等学校是指受国防部监督的公立高等学校。

(25)公共服务高等学校是指受内政部监督的公立高等学校。

(26)艺术高等学校是指受文化和国家遗产部监督的公立高等学校。

(27)医学高等学校是指受卫生部监督的公立高等学校。

(28)海事高等学校是指受海洋经济部监督的公立高等学校。

(29)学术单位是指高等学校按法律规定设立的学术单位或其他组织单位,至少设有1个硕士点,1门科学中至少设有1个学科的博士点。

(30)学术科研活动也是科学性的艺术活动。

(31)博士与艺术博士、艺术系助理教授享有同等学力资格。

(32)教授学衔与艺术教授学衔同级。

(33)主要就业单位是指高等学校或科研单位,是受聘者聘书中规定的主要工作地点,是教职员工和科研人员全职工作的场所。同一时间段内,只能在1个主要岗位工作。

(34)科研单位指波兰科学院下属科学研究所,或波兰境内其他合法国际科研院所。

2.引用本法时需注意:

(1)未进一步说明的教育项目,一律为学位教育项目。

(2)教育程度指第1阶段教育程度、第2阶段教育程度、长周期学习教育或第3阶段教育程度。

(3)若未进一步说明,则高等学校指公立高等学校或私立高等学校。

(4)学历指本科学历、研究生学历、博士研究生学历。

3.若高等学校没有学术单位,则本法中有关学术单位的章程应依本校状况实施。

第3条

1.高等学校,若其学术单位设有10个及以上学科的博士点,即可使用"大学"一词。博士点至少涵盖以下分组中的两组:

(1)人文、法律、经济、神学;

（2）数学、物理、地质学、技术科学；

（3）生物学、医学、化学、药剂学、农业、兽医学。

2.高等学校，若想使用"科技大学"一词，则其学术单位须至少设有 10 个博士点，其中至少有 6 个属于科学技术领域。

3.高等学校，若想在"大学"前添加类型，则其学术单位须至少设有 6 个学科的博士点，其中至少有 4 个属于类型所属领域。

4.高等学校，若想使用"理工"一词，则其学术单位须至少设有 6 个学科的博士点，其中至少有 4 个属于理工科学技术领域。

5.高等学校，若想使用"学院"一词，则其学术单位须至少设有 2 个学科的博士点。

第 4 条

1.依据本法，高等学校有权在所有范围内自主管理本校事务。

2.高等学校在教学、科研、艺术创作领域依法享有学术自由。

3.高等学校应设科研教育机构，以进行科学研究、真理传播。

4.高等学校，可通过为独立企业开展科研项目，其中包括本法第 86a 条中提到的特殊目的实体，或通过让员工代表参与学习、体验教学，适应社会经济发展环境。

5.中央政府和地方权力机关应严格按照议会法案对高等学校进行审核。

第 5 条

1.根据 1967 年 11 月 21 日出台的《波兰共和国义务法》，军事高等学校可用作军事单位，承担相应的国防工作。

2.公共服务高等学校，作为活动组织单位时，其活动范围由其他法律规定。

第 6 条

1.高等学校享有以下权利：

（1）进行科学研究，举办各项活动，决定本校发展方向。

（2）与其他外国学术科研机构达成共识后，进行科研合作，吸收资金，培养科研人才。

（3）培养年轻人才，特别是在某些由特别机构赞助的比赛中胜出的选手（详见《科研基金法》）。

（4）依法提供第 1 阶段、第 2 阶段、长周期教育及博士教育，内容包括：

（4a）决定入学条件，包括每个学科的学生数量（医学除外）。

（4b）根据本法第 9 条第 1 款第 2 项，以及高等教育国家资格框架（以下简称为"国家资格框架"），结合各科预期学习成果，开设学习课程和其他学习项目。

（5）提供非学历教育、拓展和培训课程。

（6）完成学位教育的学生，颁发学位证书；完成博士学位学习课程的学生，颁发博士学位证书；其他培训课程亦是如此。

2.依据《学位职称与艺术学位职称法》（2003 年 3 月 14 日颁布实施）、《艺术学位与艺术学衔法》,高等学校的学术单位有权申请博士及艺术博士学位和教授学术学衔的授予权。

第 7 条

依据本法第 13 条和第 14 条,高等学校在规定范围内可以自主开展经济活动,依法决定其活动形式。

第 8 条

1. 学位教育课程应在高等学校内的特定学术领域开设。学生需在第 1 学年结束前接受专业学位教育。专业学位教育课程可由高校学校单独开设,也可由多个学术单位共同开设。

2. 高等学校,若设有 4 个及以上学术领域的博士点,则可开设具有本校特色的学科学位教育(至少包括 2 个学术领域),其学术单位应颁发至少 1 个领域的文凭。该学术单位应当已具备颁发相关领域学位证书的资格。

3. 每个学科获得国家补助的学生名额,由高等学校依据国家政策讨论后决定。以可支配公共资金和教育质量为基准。

4. 高等学校全日制学生的招生人数,若超出上学年的 2%,则超出的部分经高等教育部考察后,通过会议或依据部长意见决定最终招生人数。适用于:

(1)个别研究领域的学生数量,包括国家优先发展战略。

(2)波兰鉴定委员会对学位教育质量的监督评估。

(3)高等教育秉持地理公平原则,一律免除学习费用。

5. 本条第 4 款的决定,不适用于受文化和国家遗产部监督的高等学校全日制学生的招生人数。

6. 高等教育部应依法制定实施细则,做出本条第 4 款的规定,包括截止申请日期以及相关必要数据。

7. 高等学校可在所提供的教育课程涉及的学习领域内,开设非学位研究生课程。

8. 本条第 7 款所述领域之外的非学位研究生课程,须经高等教育委员会、高等教育部商讨批准后开设。

9. 高等学校医学专业的招生人数,应依照卫生部相关规定,与高等教育部商讨后决定。应考虑高等学校的教学能力,以及毕业生的市场需求。

10. 特殊高等学校每个专业服兵役的人数,应由国防部依法决定。应考虑相关高等学校的教学能力,以及毕业生的市场需求。

11. 每个专业参加消防培训及消防员培训的学生数量,由内政部依法决定。应考虑相关高等学校的教学能力,以及毕业生的市场需求。

第 8a 条

研究生课程至少需要 2 个学期。开设的课程应至少有 60 个学分(欧洲学分制),且高等学校应规划好预期学习成果及其评估过程,以及所需文件。

第 9 条

1. 高等教育部应依法决定：

(1)依据《学位职称与艺术学位职称法》(2003 年 3 月 14 日颁布实施)的有关规定，决定高等学校的研究领域、学习范围及学术科目，决定第 1 阶段、第 2 阶段教育的资格要求。

(2)国家资格框架，包括以学习成果形式展现出来的，对学习范围周期和内容的描述。

2. 高等教育部与高等教育委员会商讨后，根据学科基准依法划分研究领域，应考虑个别学校的授课水平及授课模式。

3. 高等教育部应依法说明：

(1)学术单位开设专业领域内学位教育应符合的要求，特别是：

(1a)持学术学衔或博士学位及同等学力的学术职工数量[要求见《学术学位及艺术学位学衔法》(2003 年 3 月 14 日颁布实施)]，此项包含在职工基本要求中。

(1b)上文提到的学术职工与招生人数在指定学术范围内的比例，可参照第 9a 条的相关要求。

(2)开设课程时需要遵守：

(2a)预期学习成果说明。

(2b)完成学习成果的学习过程，以及每个学科所占的学分(欧洲学分制)。

(2c)学习成果的评估方法。

(3)制定学术质量审核标准，特别是：

(3a)专业领域授课水平及授课方式应满足的要求。

(3b)有国际机构的认证或证明。

(3c)确保内部质量保证政策的效力，分析课程学习预期成果，适当考虑保证公认的学习质量的经费。

(4)确定院校审核标准，特别是：

(4a)质量保证体系的制定与完善。

(4b)国际机构的认证或证明。

(4c)学术单位对指定学习领域内学术质量审核的评价，适当考虑保证公认的学习质量的经费。

(5)若在另一地点设立分校或学术单位，则高等学校每个学术领域都应充分符合第 1 项所述标准。

第 9a 条

1. 学术单位的最低职工人数要求仅包含本校全职教研人员。

2. 根据《学位职称与艺术学位职称法》(2003 年 3 月 14 日颁布实施)，提供第 1 阶段教育的学术单位，可以将最低职工人数要求中的"博士 2 名"替代为"持有学术学衔或同等资历的职工 1 名"。

3. 本条第 2 款中的高等教育的学术单位,其最低职工人数要求中"博士 1 名"也可替换为"在学术外其他领域取得一定成就的硕士 2 名"。

4. 根据本法第 9 条第 3 款第 1 项,最低职工人数要求中第 2 条和第 3 条中的员工数量不得超过教研人员的 50%。根据《学位职称与艺术学位职称法》(2003 年 3 月 14 日颁布实施)有关规定,持有教授学衔或博士学历或同等学力的人数同样不得超过教研人员的 50%。

第 9b 条

1. 高等教育部与卫生部协商后,应依法规定牙医学、医药学、护理学和助产学等医学的教育培训标准,需注意欧盟有关法律规定的牙医、药剂师、护士、助产士等医护人员职业实践要求。

2. 高等教育部应依法说明兽医科学领域及建筑学领域的教育标准,需注意欧盟有关法律规定的兽医及建筑师的职业实践要求。

第 9c 条

高等教育部经与教育部商议后,结合劳动力市场需求,依法决定教师资格标准及相关培训事宜,特别是:

(1)以下项目的预期学习成果:

(1a)掌握足够充分的知识,理解教学方法。

(1b)了解教育学及心理学,包括人类的发展及学习,以及特殊教学所需技能。

(1c)能在教学过程中使用信息通信技术。

(1d)具备外语能力。

(2)本科和研究生的学习课时,实践活动的范围及组织情况。

第 10 条(已撤销)

第 11 条

1. 根据本法第 9 条第 3 款第 1 项,高等学校,若设有博士点,则可在参议会决议允许的学科范畴内开设一定水平的学位教育课程,即在其博士生课程的相关范畴内开设学位教育课程。参议会将学习成果纳入课程的设计安排,以决定课程难度及教学模式。

2. 学术单位,若未开设博士点,则可以在指定范围内开设学位教育课程,其教学模式、授课难度应遵照下列要求:

(1)专业领域的学科基准陈述及授课难度。

(2)陈述高等教育部参议会规定的研究领域的预期学习成果(此研究领域不含第 1 条所指的专业领域)。

3. 根据本法第 9 条第 3 款第 1 项,未设博士点的学术单位,经高等教育部、国家认证委员会、监督部门批准后,可以开设学位教育课程。本法第 9 条第 3 款第 2 项未提及的学术范围,报告该范围预期学习成果时,需取得国家认证委员会的有关意见。

3a. 根据《护理学和助产学法》(2011 年 7 月 15 日颁布实施)第 59 条,高等学校若想按第 3 款所述开设护理学和助产学的教育课程,需取得卫生部的批准。

4. 本条第 2 款中的学术单位,若满足本法第 9 条第 3 款第 1 项、第 9b 条、第 9c 条所述要求,经与高等教育部、国家认证委员会、有关监督部门商议后,可在第 9b 条规定的学术范畴内开设学位教育课程。

5. 本条第 1 款至第 4 款规定,适用于机构间学术单位、联合学术单位提供的学位教育课程,同样适用于高等教育协会组织单位提供的学位教育课程。

第 11a 条

1. 高等学校校长应在开学前 1 个月内告知高等教育部、相关监督部门、国家认证委员会其开设课程的时间。

2. 根据本法第 9 条第 3 款第 1 项、第 9a 条、第 9b 条、第 9c 条,国家认证委员会应在指定研究范围内进行学术质量审查,审查时应考虑预期学习成果。

如对本法第 9 条和第 11 条规定的任何学术机构以及存在任何疑问,高等教育部在收到高等学校校长开设学位教育课程的通知后,应立即向国家认证委员会申请对该教育课程进行审查。

第 11b 条

1. 高等学校的校长,应当在开学后 3 个月内,告知高等教育部、相关监督部门和国家认证委员会其学术单位未满足开设学位课程的要求,包括对规定有影响的人员编制变动。若未达标的学术单位在 12 个月内仍无法达到规定要求,则高等教育部应做出决定,暂时撤销该学术单位在指定领域内开设学位教育课程的资格。

2. 若高等学校的校长未能在规定时限内告知高等教育部其学术单位是否满足规定要求的相关情况,则高等教育部应暂时撤销该学术单位在指定领域内开设学位课程的资格。

3. 若国家认证委员会对学术质量的审查结果不合格,高等教育部综合考量结果的特殊情况即不合格程度后,可暂时撤销该学术单位在指定领域内开设学位教育课程的资格。

3a. 根据《护理学和助产学法》(2011 年 7 月 15 日颁布实施),第 3 款所述情况也适用于未取得卫生部认可或已撤销开设学位课程资格的高等学校。

4. 无论是暂时撤销开设资格,还是恢复开设资格,高等教育部都应立即告知国家认证委员会。

第 11c 条

1. 本法第 11b 条第 1 款至第 3 款中出现的不合格情况,高等学校须在课程停止后的 1 年内将其修正。

2. 高等学校停止开设学位课程期间,相关专业的招生活动应向后推迟。

3. 高等学校在停止开设学位教育课程后,国家认证委员会应就是否恢复开设学位课程资格提出相关意见,时间不超过 3 个月。

4.若国家认证委员会的审查结果为否决,则高等教育部应做出决定,宣布由暂时撤销改为终止。

5.若高等学校授权被迫终止,则高等学校的校长应拟定对策保证该专业学生能继续学习。

6.若国家认证委员会的审查结果为合格,则高等教育部应恢复其开设学位教育课程的资格。

7.高等学校可在开设课程资格被撤销的12个月后,提出申请,请求恢复这一资格。

第 11d 条

1.如果符合本法第9条第3款第1项的要求,高等学校的学术单位进行整合或合并,或更名,更改后的学术单位仍具有在指定学术范围内开设学位课程的资格。

2.若学术单位未能在获得授权后的2年内开设相关课程,则该资格会被撤回。

3.若将学术单位进行细分,按照本法第9条第1款规定,新分出来的学术单位仍具有在指定学术范围内开设学位课程的资格。

4.高等学校的校长,应在收到参议会决议后的1个月内,告知高等教育部、有关监督机构、国家认证委员会上述第1款或第3款的有关情况。

第 12 条

高等学校具有法人资格。

第 13 条

1.根据本条第2款和第3款,高等学校的主要目标是:

(1)提供教育,让学生能学习知识,提高知识储备,同时具备职场工作的能力。

(2)通过教育,培养为波兰奋斗的责任感,落实民主,尊重人权。

(3)开展科研项目和拓展活动,提供科研服务。

(4)培训并提高教研人员的能力。

(5)发展科学、弘扬先进的国家文化和技术,创建并管理档案信息资源系统。

(6)提供非学历研究生课程教育,通过终身学习培养必备技能以满足劳动力市场的需求。

(7)为学生的身体发育创造条件。

(8)积极支持地方及区域社团。

(9)为残疾人能够充分参加学习、参与科研创造条件。

2.只提供第1阶段教育的非学术高等学校不作为本条第1款第3项和第4项的适用对象。

3.在完成教育目标的过程中,医学类高等学校或与医学或兽医科学领域有关的高等学校的学术单位,也需遵守医学或兽医护理服务的有关规定,在保健机构和兽医护理机构规定的范围和形式内开展教育活动。

第 13a 条

修订学位教育课程的形式和内容是为满足劳动力市场需求,高等学校应对其毕业生的就业情况进行追踪,目标群体为毕业 3 年至 5 年的毕业生。

第 14 条

高等学校应设有学生宿舍及学生食堂。

第 15 条

1.根据本法,公共部门应为公立高等学校提供必需资金以完成教育目标,也应按本法规定的形式和范围帮助私立高等学校。

2.国家认证委员会运作所需资金应由高等教育部管理国家预算的部门提供。高等教育理事会及其自律委员会运作所需资金应由高等教育部和调研部下属管理国家预算的部门提供。毕业生事务监察部门运作所需资金从分配给高等教育理事会的预算中抽取。

3.高等教育部应在法律中说明:

(1)为高等教育委员会及其自律委员会、毕业生事务监察部门安排行政活动和资金支持,旨在确保能够为其基本工作提供有效的行政和资金资助。

(2)高等教育委员会、国家认证委员会和两者任命的监察员和专家,高等教育委员会、自律委员会和毕业生事务监察部门工作人员的薪酬。注意:高等教育委员会、国家认证委员会、毕业生事务监察部门和高等教育委员会自律委员会的工作人员的薪酬将根据普通教授基本工资的最低水平,即法律规定的教研人员的薪酬和科研业绩而定。

4.高等教育委员会、国家认证委员会、高等教育委员会自律委员会和其任命的监察员和专家、自律委员会下属的监察专员及毕业生事务监察部门工作人员的差旅费,应根据《劳动法》(1974 年 6 月 26 日颁布实施)第 775 条报销。同样适用于国家或地方部门管理的国家预算部门的员工。

第 16 条

1.荣誉学术学衔应为名誉博士。

2.名誉博士的学衔应由参议会授予,或由法律规定的设有博士点的学术单位与私立高等学校授予。

3.名誉博士学衔授予的具体要求和相关手续应在高等学校的校规中详细规定。

第 17 条

本法中未规定的高等学校活动的有关事项由高等学校校规决定,以下称"校规"。

第 2 章　高等学校的建立和清算

第 18 条

1.公立高等学校应根据议会法案第 6 条建立、重建或兼并另一家公立高等学校,或更名。

2.公立职业高等学校应根据高等教育部要求建立、重建或兼并另一家公立职业高等学校，或更名。

3.公立高等学校的重建、与另一家公立高等学校的兼并或更名应与参议会或参议会有关部门协商。

4.公立职业高等学校的重建、与另一家公立职业高等学校的兼并或更名应分别与地方议会或校长，或地方部门或校长协商。

5.本条第4款所述申请须附有公证书，其中包括新成立公立职业高等学校持有的自成立之日起的房地产资产所有权转让书。

6.本条第1款至第3款的规定适用于公立高等学校与其他公立高等学校的兼并。但若发生公立职业高等学校与公立高等学校兼并的情况，则其应按照高等教育部依据结合相关高校校长意见及其参议会的协商结论出具的最终决策实行。

7.依据本条第2款，高等教育部的职权，在遇到公立高等学校建立、重建，与军事高校兼并或更名情况时，应由国防部与高等教育部协商后实行。

8.本条第2款所述高等教育部职权，在遇到公立高等学校建立、重建，与公共服务高等学校兼并或更名情况时，应由内政部与高等教育部协商后实行。

第 19 条

1.设立公立高等学校的法律行为应注明其名称和所在地。

2.公立高等学校的首任校长应由高等教育部任命。

3.公立高等学校第1版校规由高等教育部制定，在该高校参议会或教育部部长批准通过新一版校规之前都具效力。

4.新设公立高等学校领导集体首次任期应从该高等学校成立后的第1个学年开始算起，截止到该年的8月31日。

5.高等教育部的职权应由其部长对军事高等学校、公共服务高等学校、艺术高等学校、医疗高等学校、海事高等学校行使。

6.本条第1款至第5款所述规定适用于发生在公立高等学校之间的兼并情况。

第 20 条

1.设立私立高等学校的申请，可由自然人或除国家或地方行政机构之外的法人团体提交给高等教育部。

2.设立私立高等学校，且在特定领域内开设学位课程，需经高等教育部许可批准。

2a.本条第2款所述许可，在护理学和助产学领域内，应以卫生部对护理学和助产学专业的现有规定为准。

3.本条第2款所述许可，应载明私立高等学校的创始人、机构名称及所在地、所提供学位课程的领域及授课水平、创始人为创立和运行此机构的最低资产金额及类型。波兰所要求的最低金额为 500 000 兹罗提。

4. 若申请中指明私立高等学校或学术单位不符合本法规定的提供学位课程的必要条件,也不符合本法中的实施条例,则高等教育部可驳回其申请。

5. 高等教育部可驳回以下自然人的申请:

(1)曾故意犯罪的人;

(2)国家法院登记在册的不良债务人;

(3)逾期未纳税的人。

6. 高等教育部可驳回以下法人团体的申请:

(1)处于清算状态;

(2)已经宣告破产;

(3)国家法院登记在册的不良债务人;

(4)有未缴纳税项;

(5)有证据表明其代表存在本条第5款所述情况。

7. 本条第5款和第6款所述决定由高等教育部执行,无须与国家认证委员会协商。

8. 本条第2款所述许可无限期限制。

9. 已撤销。

10. 已撤销。

11. 已撤销。

12. 已撤销。

第 21 条

办理设立私立高等学校申请时应缴纳手续费,此费用是国家预算的一部分。

第 22 条

高等教育部应依法明确说明申请建立私立高等学校的要求及必要程序所需费用和缴纳方式、申请时需要的文件列表,包括创始人的有关材料、财务材料、抵押品、该机构的组织及教育任务。应充分保证高等学校是由具备相当资格的法人团体或个人创建,注意征收的费用应包括办理请求时的实际花费。

第 23 条

1. 申请获得批准后,创始人应提交经过公证的设立私立高等学校的意向书,以下称之为《设立法》。

2. 高等教育部可在以下情况撤回该许可:

(1)创始人未能在许可下发的3个月内提交本条第1款所述的《设立法》;

(2)创始人未能在许可下发的3个月内按本条第1款所述转移资产;

(3)私立高等学校未能在登记后的1年内按规定开设课程。

第 24 条

1. 私立高等学校的第1版校规由其创始人制定。

2.私立高等学校的首任校长由其创始人任命。私立高等学校首任校长的任期从该校成立的第 1 个学年算起,到该年的 8 月 31 日。

3.私立高等学校的创始人可按其校规决定有关机构的事宜。

第 25 条

本法第 20 条至第 24 条的规定,适用于发生在私立高等学校之间的兼并情况。

第 26 条

1.经高等教育部批准后,创始人可以清算私立高等学校,但必须做出安排以确保学生可以继续学习。

2.私立高等学校自被撤回学位教育授课资格或自按本法第 37 条第 4 款任命清算人之日起视为清算,该日即为清算程序的开始日期。

3.已获权建立私立高等学校的自然人或法人团体若有要求,则高等教育部可通过决议,将其权力转移至另一自然人或法人团体,后者应满足本法第 20 条的规定,其中本条第 5 款和第 6 款不适用于此情况。

4.本条第 3 款所述规定可适用于自然人或法人团体申请转移设立私立高等学校权力的申请。

第 27 条

1.私立高等学校的清算,应包括有形资产和无形资产的处置。首先应让其满足债权人的要求,保障债权人特别是工作人员和学生的利益。

2.满足债权人要求后,私立高等学校的剩余资产应用于校规规定的用途。

3.依据本法第 37 条第 3 款,私立高等学校的清算受依据法律程序规定的清算人的影响。

4.私立高等学校清算的启动:

(1)清算人取得高等学校领导机构管理处置其资产的权力;

(2)高等学校停止其项目招生。

5.清算程序开始时仍在进行的学位课程可以继续到这一学年结束。

6.私立高等学校的清算费用从其资产中扣除,优先于债权人。

7.清算结果应及时通知高等教育部,不得拖延。私立高等学校自清算结束之日起,从本法第 29 条第 1 款中除名。

8.私立高等学校的清算程序,若本法中未有规定,则应由高等学校的校规规定。

第 28 条

1.为了共同完成本法第 13 条的目标,公立高等学校或私立高等学校可分别按照设立公立或私立高等学校的要求成立高等学校协会。

2.任何此类高等学校协会都具有法律地位。

3.根据本条第 5 款,公立高等学校协会应在所涉及高等学校领导集体通过同类决议以后,按照其会员机构建立的要求设立。应特别说明协会成员的目标及其资产转让,以履行协会宗旨和章程。

3a. 私立高等学校应在所涉及高等学校领导集体通过同类决议以后,由高等教育部设立。应特别说明协会成员的目标及其资产转让,以履行协会宗旨和章程。

4. 大学和非大学高等学校协会由高等教育部依法建立。

5. 高等学校协会的章程应载明:成员,领导团体(包括个人及团体),聘用、解雇和更换成员的程序及其权利,协会工作人员的雇用要求,包括协会已雇用的工作人员、从成员处收集的资金的操作安排以及协会清算的规定和流程,包括对剩余资产的处置。

6. 高等学校协会的自治学生会和自治博士学生会的活动细则,分别由其章程确定。本法第 202 条第 3 款和第 4 款按情况适用。

7. 高等学校协会可以按照公立或私立高等学校的成立程序进行改组。本条第 3 款和第 3a 款按情况适用。

第 29 条

1. 私立高等学校和私立高等学校协会登记后,具有法律地位。以下称为"登记"。

2. 高等学校在其创始人和高等学校协会及其协会成员的一致申请下可以登记在册。

3. 高等教育部负责登记和保管登记册。

4. 若成立私立高等学校或建立私立高等学校协会的法律行为不符合法律规定或未经高等教育部同意,则高等教育部应不予以登记。

5. 登记册应开放查阅。任何人均有权:

(1)使用登记册内数据;

(2)获取登记册内数据有关的公证副本、摘录及证明。

6. 本条第 5 款第 2 项所述公证副本、摘录及证明开具时需收取费用。此类费用为国家预算的一部分。

7. 高等教育部应依法说明:

(1)保存登记册的注意事项、私立高等学校或私立高等学校协会需要登记的详细信息,包括创始人申请时需提交附件的文件类型、登记册中的章款说明、登记册中进行登记和修改的程序步骤以及从登记册中除名的条件。

(2)查阅登记册的详细程序,包括本条第 5 款第 2 项所述副本、摘录和证明的制作和发放,以及需要缴纳的费用。

第 30 条

以下行为受行政决定的影响:私立高等学校或私立高等学校协会成立许可的批准与否;专业领域内提供一定水平学位课程的授权与否;专业领域内一定水平学位课程资格的授予、暂停或撤销;私立高等学校兼并的许可;私立高等学校或私立高等学校协会登记在册与否;登记顺序;私立高等学校或私立高等学校协会活动的终止或清算顺序;

停止违反本法规定的活动、章程、许可或对此类活动进行纠正。

第 31 条

1.高等学校可以通过与其他高等学校签订协议开设科研中心，也可与波兰科学院科研院所签订协议开设。科研中心包括进行研究开发活动的外国调研单位和国际研究机构。科研中心应由将学术单位纳入其机构的校长创立。科研中心也可在高等学校体系内设立。

2.校长也应将高等学校的学术单位纳入波兰科学院科研中心或由科研院所创立的科学工业研究中心。

3.本条第 1 款中的协议应说明：

(1)组织安排、运行规则和科研中心的融资方法，包括科研设备的所有权、版权或其他相关权利，工业所有权及研究成果商业化后的收益。

(2)联合博士培养时使用科研中心的基础设施和其他资源须遵守的规定。

4.科研中心的任务：

(1)进行、支持和协助研究和开发活动。

(2)启动、协助高等学校和其他科研单位参与国际科研项目。

(3)成立区域研究实验室组织并进行监督。

(4)与学术界合作，提供合作基础上的博士生课程。

(5)培养高等学校、科研院所和波兰科学院科研院所科研人员的机动性。

(6)为持有博士学历的人提供奖学金；奖学金由有关中心下属机构发放。

(7)吸收并支持国际科研项目、国内联合项目以及欧洲资金会的项目。

5.职业教育和学术高等学校可开展合作，特别是通过签订协议保证核心学科的高质量教学、学术人员的专业发展、毕业生的培养，以及支持分配高质量员工进入非学术高等学校教学。

第 31a 条

1.可以通过与其他高等学校签订校际或联合协议创立高等学校。

2.根据本条第 1 款的程序，高等学校也可与其他单位，特别是科研机构，包括外国机构合办大学。

3.本条第 1 款中的协议应说明校际或合办单位的组织安排、运行规则、融资方法、学位课程设立须遵守的规定和教育培训的其他形式，以及顺利完成学位课程的文凭和其他教育培训结业证书的颁发细则。

第 32 条

1.高等教育部应在本部公报上发布高等学校和高等学校协会的名单、高等学校建立或清算的公告以及暂停或撤销开设学位课程资格的公告。

2.高等教育部应在本部的官网上发布本条第 1 款中的详细信息。

第 3 章 高等学校的监督

第 33 条

1.高等教育部应监督高等学校的活动是否符合法律要求、私立高等学校的校规和条件是否符合其设立要求以及公共财政支出是否恰当正确。高等教育部可要求高等学校当局和私立高等学校创始人提供信息与说明,并对高等学校进行检查。

2.本条第 1 款所述高等教育部的监督权可以通过以下部门行使:

(1)国防部对军事高等学校监督。

(2)内政部对公共服务高等学校监督。

(3)文化和国家遗产部对艺术高等学校监督。

(4)卫生部对医学高等学校监督。

(5)海洋经济部对海事高等学校监督。

3.根据与梵蒂冈的国际协议,波兰与其他教堂、宗教团体的议会法案和有关高等学校校规,公立神学高等学校及其教职员工也受教堂和宗教团体的监督。

第 34 条

1.本法第 33 条第 1 款中的检查,应包括检查高等学校领导团体是否符合法律要求,是否符合校规及所授权力。应检查私立高等学校是否符合许可要求,公共财政支出是否恰当正确。还可包括教学条件的检查。

1a.检查报告应包括结论和建议。

2.已撤销。

3.已撤销。

第 34a 条

1.高等教育部应保管高等教育信息系统包含的信息,本法和第 170c 条、第 192a 条中的登记人。此系统信息可以以电子形式保存。

2.以电子形式保存的情况下,高等教育部可以授权科研中心管理系统数据库,同时确保提供足够资金完成此项工作。

第 35 条

1.高等学校的校长应在每年的 10 月 15 日前向高等教育部提交该年该大学活动的年度报告,以及该大学提供的学位课程的可用人力资源的信息。

2.高等学校的校长应在每年的 6 月 30 日前向高等教育部提交该年的财务计划和实施计划。

3.许可下发后的 1 个月内,高等学校的校长应向高等教育部提交相关机构的如下决议:

(1)章程的通过或修改。

(2)指定领域学位课程的引进或停止,特殊领域学位课程的人力资源信息。

（3）设在高等学校所在地之外的学术单位，提供该单位设施和人力资源的信息。

（4）已撤销。

（5）通过或修整学位课程或博士生课程及学位课程和博士生课程录取规则和程序，学生自治会法人基于本法第 161 条第 2 款所做决议、博士生自治会法人基于本法第 161 条第 2 款和第 196 条第 2 款分别做出的决议。

4. 本法第 1 款至第 3 款规定适用于高等学校协会领导集体。

5. 本法第 1 款至第 3 款关于军事高等学校、公共服务高等学校、艺术高等学校、医学高等学校和海事高等学校的有关规定，分别适用于本法第 33 条第 2 款所述的部门。

6. 本法第 4 款和第 5 款所述的机构也应向高等教育部提供本条第 1 款、第 2 款和第 3 款第 2 项、第 3 项所述的详细信息。

7. 高等教育部经与国防部、内政部、文化和国家遗产部、卫生部和海洋经济部协商后，依法提供所需报告的范本，包括本条第 1 款和第 2 款所述文件，同时应尊重科学高等教育发展政策的目标。

第 36 条

1. 高等学校领导层或校长做出的任何决议，一经发现违背法律或高校校规，由高等教育部宣布无效，实施时间不得迟于收到此项决议或措施的 2 个月。高等教育部宣布决议或措施无效的 30 天内，高等学校领导层或校长可向行政法庭提出上诉。此种上诉属公共领域范围，适用于公共领域相关法律。

2. 高等教育部处理军事高等学校、公共服务高等学校、艺术高等学校、医学高等学校和海事高等学校的情况时应分别按本法第 33 条第 2 款行使。

3. 按照协议、议会法案、本法第 33 条第 3 款的规定，本条第 1 款的规定适用于受教堂和宗教团体管理的神学高等学校以及公立高等学校中的神学教职工。

第 37 条

1. 若高等学校或私立高等学校的创始人的活动违反法律或本法第 20 条第 2 款的规定，则高等教育部可以要求有关学校当局或私立高等学校的创始人停止该项活动，在规定期限内进行纠正。

2. 本条第 1 款的规定适用于高等学校或私立高等学校的创始人未能符合该机构活动检查报告中的结论或建议的情况。

3. 高等学校或私立高等学校的创始人严重违反本法或本法第 20 条第 2 款所述许可，特别是未能遵守本条第 1 款和第 2 款所述结论或建议时，高等教育部应对公立高等学校进行清算或撤销私立高等学校的设立许可，并责令其创始人在规定时间内进行清算。

4. 若私立高等学校的创始人未能在规定时间内按本条第 3 款要求进行清算，则高等教育部可指定清算人进行清算，并规定清算结束时间。高等学校的清算成本及清算人的酬金从其资产中扣除。

第 37a 条

1. 依本法规定,高等学校若未经许可或授权,擅自组织或进行授课,并颁发结业文凭,则高等教育部应命令该高等学校停止此类活动。任何此类停止学位课程的决定应即刻生效。

2. 适用于公共官员的法律规定,本法中未经许可或授权,擅自组织或进行授课,并颁发结业文凭的行为属校长的法律责任。

3. 高等学校违反本法所设立的学术单位,高等教育部应命令撤销。本条第 1 款规定适用于此种情况。

4. 本条第 1 款至第 3 款、第 37 条第 1 款至第 3 款所述的高等教育部职权,在处理军事高等学校、公共服务高等学校、艺术高等学校、医学高等学校和海事高等学校的情况时应分别按本法第 33 条第 2 款行使。

第 38 条

1. 高等学校校长的活动若严重违反法律或校规,高等教育部可以向高等学校参议会提交申请,撤销校长职务。提交申请后,高等学校参议会应转交给当局,撤销校长职务。若是私立高等学校,且此类撤销属创始人的职权范围,则转发给私立高等学校的创始人。

2. 罢免校长的意见申请应在提交后的 30 天内进行审议。

3. 高等教育部可以在罢免审议前暂停校长职务。

4. 若受到刑事诉讼,则依法律要求在诉讼结案前暂停校长职务。

5. 若校长存在严重违法现象,则高等教育部可以分别在与高等教育委员会和波兰学术高等学校校长会议或波兰非学术高等学校校长会议商讨后罢免校长职位,并根据高等学校校规的规定和程序确定日期,重新任命校长。

6. 本条第 1 款、第 3 款和第 5 款所述高等教育部职权,在处理军事高等学校、公共服务高等学校、艺术高等学校、医学高等学校和海事高等学校的情况时应分别按本法第 33 条第 2 款行使。

第 39 条

本法第 33 条、第 34 条、第 36 条第 1 款、第 37 条和第 38 条可根据情况适用于高等学校协会。

第 40 条

1. 与高等学校参议会协商后,高等教育部或与高等教育部协商后的教育部,可在其教学领域或科研发展领域内分配特定任务给高等学校,同时确保充足的资金来完成任务。

2. 本条第 1 款所述的高等教育部的职权,在处理军事高等学校、公共服务高等学校、艺术高等学校、医学高等学校和海事高等学校的情况时应分别按本法第 33 条第 2 款行使。

3. 本法第 33 条第 2 款所述的协商完成后,高等教育部或与高等教育部协商后的教育部可以分配本条第 1 款所述的任务给军事高等学校、公共服务高等学校、艺术高等学校、医学高等学校和海事高等学校。

4.若发生自然灾害或为履行国际义务,高等教育部也可分配给高等学校其他工作,同时确保充足的资金来完成任务。

第4章　高等学校在教育、科研领域的国际合作

第41条

1.在高等教育部与国防部、内政部、卫生部、文化和国家遗产部、科研院所、海洋经济部商谈后,高等学校和外国学术科研机构在波兰协议框架内开展国际合作。

2.高等教育部和本法第33条第2款所述各部门应对高等学校做好监督工作,并提供足够资金以助其完成本条第1款协议所述的工作。

第42条

1.依据本条第2款,高等教育部应依法决定符合出国从事科研、教学和培训的人员的条件以及享有的特殊权利,特别是:

(1)从事的教育和培训类型,申请人的资格要求。

(2)驻外人员的资金支持类型,包括补助及路费的报销。

(3)驻外人员费用报销的有效期及相关报销规定。

(4)取消驻外工作需要的条件及程序。

(5)驻外人员在外工作期间享有的特殊权利。

——同时最大限度地确保教育、培训和科研能在国外顺利进行。

2.有关高等学校的参议会应说明教职员工、学生(不含博士生,下同)和博士生驻外工作的条件及程序。

第43条

1.依据本条第2款有关规定,非波兰公民,以下称为"非本国公民",也可继续学习学位课程、博士生课程和其他类型的教育和培训课程,也可参与科研开发工作。

2.依据《波兰公民适用法》,下列人员有资格接受教育或培训,参加科研开发工作:

(1)获得居住许可的非本国公民。

(1a)已撤销。

(2)获得波兰难民身份的非本国公民。

(3)在波兰境内获得临时庇护的非本国公民。

(4)居住在波兰境内的欧盟成员国、欧洲自由贸易协会成员国——欧洲经济区协定的签订方及其家庭成员的移民工人。

(5)取得欧洲共同体长期居住许可的波兰境内的非本国居民。

(6)根据《外国居民法》(2003年6月13日颁布实施①)第53条第1款第7项、第13

---

① 该法案的修订版发表于:2004年波兰官方公报,第96号第959条及第179号第1842条;2005波兰官方公报,第90号第757条、第94号第788条及第132号第1105条。

项和第 14 项,取得定期居住许可的波兰境内的非本国居民。

(6a)波兰境内获得辅助保护的非本国公民。

(7)拥有永久居住权的欧盟成员国或欧盟自由贸易协会成员国——欧洲经济区协定的签订方及其家庭成员。

3.根据本条第 5 款,在第 2 款中未列出的非本国居民也可继续完成学业和接受培训,也可参加第 1 款中的科研开发工作,其前提是:

(1)遵守国际协定的规定。

(2)遵守高等学校与外国机构签订的协定。

(3)高等教育部或教育部本法第 33 条第 2 款规定各部门的决议。

(4)高等学校校长的决定。

4.本条第 3 款所述非本国公民也可继续完成学业和接受培训,也可参加本条第 1 款所述科研开发工作:

(1)持有波兰合作方颁发的奖学金的获得者。

(2)已支付学费。

(3)无奖学金、免除学费。

(4)派遣方的奖学金的获得者,且免除学费。

(5)高等学校颁发的奖学金的获得者。

5.欧盟成员国、瑞士联邦或欧盟自由贸易组织——欧洲经济区协定签订方及其家庭成员,如有能力支付在学习期间所需的费用,遵守《波兰国民适用法》,且不享有补助、残疾特别补助和救济补助,或遵守本条第 3 款和第 4 款的规定,即可继续学习学位课程、博士生课程和其他种类的教育培训课程,也可参加科研开发工作。

5a.波兰许可证的持有人,遵守《波兰公民适用法》或第 3 款和第 4 款的规定,可继续学习学位课程、博士生课程和其他类型的教育培训课程,也可参加科研开发工作。

6.本条第 2 款第 4 项和第 7 项、第 5 款中所述的家庭成员包括《欧洲联盟成员国国民及其家属入波兰境和居住规则及条件》(2006 年 7 月 14 日颁布实施)第 2 条第 4 款列出的人员。

6a.高等学校的校长应立即通知高等教育部和边防军总司令以下有关情况:

(1)本条第 3 款第 2 项和第 4 项所述非本国公民入学学习学位课程的情况。

(2)本条第 3 款中的非本国公民未能学习学位课程或从学生名单中除名或除去姓、名、出生日期、永久居住地区的情况,是否获得波兰许可证及是否遵守《遣返法》(2000 年 11 月 9 日颁布实施)第 5 章第 1 款至第 3 款的要求。

6b.校长应在每年的 1 月 15 日前向高等教育部登记非本国公民的负责人,补充截止到前一年 12 月 31 日持有波兰许可证或遵守《遣返法》(2000 年 11 月 9 日颁布实施)第 5 章第 1 款至第 3 款的要求的人数,内容应包括:非本国公民的全名、居住城镇、学位课程或其他教育培训的学习领域及学习时间以及在哪所高等学校的学术单位学习、个人的财务安排。

7.符合《遣返法》(2000年11月9日颁布实施)第5条第1款至第3款要求的,以及在其居住城市就读高等学校的非本国公民,均有资格获得本条第4款第1项所述奖学金。

8.本条第4款第1项和第7款中的奖学金获得者,其奖学金由高等教育部或本法第33条第2款规定的各部门颁发,金额数量也由高等教育部或本法第33条第2款规定的各部门决定。

9.高等教育部及本法第33条第2款规定的各部门应在各自的官方刊物上发布分配给每个人的奖学金数额,以及分配给满足本条第3款第1项至第3项要求的学生的奖学金数额,以及与外交部协商过后分配给满足本条第7款要求的学生的奖学金数额。

第44条

1.高等教育部应依法决定:

(1)非本国公民可以参加的学术课程、培训课程的类型。

(2)非本国公民申请学习学位课程、博士生课程和培训课程或参加科研开发工作的要求,考虑授予学位课程或培训课程所需达到的教育水平、申请人的健康状况及能力,以及需要提交的文件类型。

(3)在计算高等学校助理最低基本工资的基础上,计算可分配给学生的奖学金数量的方法以及授予、支付、暂停或撤回此类奖学金的程序。

(4)计算学位课程、博士生课程和参加科研开发工作所需费用的方法,注意考虑预期教学成本、费用减免的可能性、税费、做此类决策的人员;费用的支付方法,以及费用可退时的处理方法。

——同时还应最大限度地确保波兰境内教育、培训和科研的顺利开展,以及公平平等待遇原则的使用。

2.高等教育部经与外交部商议后,应依法决定:

(1)非本国公民的必要条件,注意考虑其居住地区及接受学位课程的模式和领域。

(2)本法第43条第7款所述人员获得奖学金的程序及其计算方法。

——同时还应最大限度地确保波兰境内教育、培训和科研的顺利开展,以及公平平等待遇原则的使用。

3.本法第43条第7款所述人员的奖学金可通过波兰领事馆或波兰非政府组织支付。

4.本法第43条第4款第5项所述非本国公民的奖学金授予条件及金额应由奖励机关决定。

第5章　高等教育委员会

第45条

1.高等教育委员会,以下称"委员会",经选举产生,代表科学及高等教育。

2.委员会的一切活动应遵循公平、公正、透明的原则。

3.委员会在发扬国家高等教育政策,国家科学、研究创新政策方面应与高等教育部、科研部和其他权力部门、公共管理机构合作,特别是要:

(1)主动就有关高等教育、科研、文化发展提出意见;可向高等教育部、科研部和其他部门提出意见;向公共机关、科研单位和高等学校提出问题,也可要求澄清该问题及获取其他附加信息。

(2)主动提出意见,或向教育部、科研部或其他权力机关和公共管理部门提出问题。

(3)就高等教育的立法草案、科学创新的发展和波兰签订的任何有关高等教育的法案提出自己的意见。

(4)对由高等教育部和科研部管理的国家预算草案提出意见,对国家预算授予高等学校的规定提出意见,也可对由本法第 33 条第 2 款规定的各部门管理的其他部分的国家科研和高等教育预算提出意见。

(5)对国家科研中心和国家科研发展中心的计划和报告提出意见。

(6)评估大型科研设施项目的资助申请,分析此类资金的使用报告,注意波兰与欧洲科研基础设施之间的关系。

(7)就单个研究领域的国家资格框架提出意见。

(8)就本法第 9b 条和第 9c 条中的学位课程教育培训标准提出意见。

(9)向高等教育部提出专业领域学科基准陈述的有关建议,注意适当考虑该领域的学习难度及学习模式。

4.委员会可在高等教育和科研领域内,与国家组织和国际组织开展合作。

第 46 条

1.委员会成员应按以下要求构成:

(1)波兰学术高等学校校长会议和波兰职业高等学校校长会议从有关高等学校选出来的教研人员 14 名,每个会议选出的教研人员人数应与其成员学校的学生数量成比例。

(2)由主席团提名的波兰科学院代表 5 名。

(3)科研机构委员会提名的科研机构代表 4 名。

(4)波兰学生自治会提名的学生 4 名。

(5)全国博士代表会提名的博士生 2 名。

(6)资方组织提名的资方代表 3 名。

2.委员会成员的候选人上任当天的年龄不得超过 70 岁。

3.提名候选人的机构应遵循男女均衡的原则,且其机构和人员代表也应同样遵循此原则。

第 46a 条

1.委员会成员不得是下列组织成员:

（1）国家认证委员会。

（2）学位和职称委员会。

（3）科研机构委员会。

（4）科研单位评估委员会。

2.私立高等学校的创始人不得是委员会成员,也不得担任下列职务:

（1）校长、副校长或高等学校学术单位的领导人。

（2）高等学校的首席运营官。

（3）波兰科学院科研院所的所长。

（4）科研院所的所长。

（5）波兰科学院的院长或副院长。

（6）波兰艺术科学院的院长或副院长。

（7）国家科研发展中心或国家科研中心主任。

3.委员会的成员可以是:

（1）享有全部公民权利者。

（2）诚信、信誉良好、致力于道德公益的科学实践者。

（3）未曾故意犯罪或出现财政问题的人。

4.委员会成员的任期不得连续超过 2 届。

5.委员会工作人员的任期为 4 年,从 1 月 1 日开始。学生代表和博士生代表分别为由波兰学生代表大会和波兰博士代表大会选出的委员会成员。

第 46b 条

1.若委员会成员出现下列情况,则委员会主席应宣布其任职到期:

（1）成员死亡。

（2）提出辞职。

（3）不符合本法第 46a 条要求。

（4）6 个月以上未参加委员会活动。

2.若委员会成员在委员会换届前任职到期,则新成员应根据本法第 46 条程序在此期间任职。不完整任期不属于本法第 46a 条第 4 款所述时期。

第 46c 条

1.委员会应通过全体会议及其机构行使职能。组织安排和操作程序、委员会机构的成立及其职权应在委员会全体会议通过的章程中说明。

2.按照《社会经济事务及社会对话权三方委员会法案》(2001 年 7 月 6 日颁布实施),委员会的全体会议应该由高等学校、科研机构、波兰科学院的在校生各选出一名有能力的代表出席。

3.若委员会成员为教研工作人员,则可以向校长要求免除部分或全部教学任务。

第 46d 条

1.高等教育部任命的毕业生事务监察员应在委员会的体制内行使自己的职能。

2.毕业生事务监察员应与委员会合作,旨在降低专业课程毕业生寻找工作的困难。因此,监察员应对毕业生在劳动力市场的情况及寻找工作的能力进行调查,并向委员会及高等教育部提交调查结果。

第 47 条

1.委员会应将本法第 45 条第 3 款所述事项的决议发布在其官方网页上。

2.委员会和毕业生事务监察员的行政资助由高等教育部办公室的组织单位提供。

第 6 章　国家认证委员会

第 48 条

1.国家认证委员会,以下称"委员会",应由高等教育部设立。

2.委员会成员应由高等教育部从委员会、波兰高等学校大会、波兰职业高等学校校长大会、波兰学生代表大会、高等学校参议会以及国家学术协会和资方组织提名的候选人中任命。

3.委员会的成员应在高等学校任职,至少获得博士学位。

4.高等教育部在任命委员会成员时,应尊重各个学术领域的要求,确保女性在委员会成员中至少占 30% 的比例。

5.委员会成员的申请候选人,其任期开始之日不得超过 70 岁。

6.本法第 46a 条第 1 款至第 4 款可视情况适用于委员会成员。

7.波兰学生代表大会主席依法成为委员会成员。

8.若出现本法第 46b 条第 1 款情况,则委员会主席应宣布成员任职期满。本法第 46b 条第 2 款的规定适用于新成员。

9.委员会主席团可向高等教育部申请开除某一成员。本法第 46b 条第 2 款的规定适用于新成员。

10.委员会人数最少 70 人,最多 90 人。

11.委员会成员任期 4 年,自 1 月 1 日起开始。

12.若委员会成员为教研人员,则可以向校长要求免除部分或全部教学任务。

第 48a 条

1.委员会是致力于提高教育质量的独立机构。

2.委员会的一切活动遵循公平、公正、透明的原则,遵循男女均衡的原则。

3.委员会应对学位课程进行学术质量检查,注意考虑国家资格框架设定的学术领域内预期学习成果及有关基准报告,以及是否符合本法第 9 条第 3 款第 1 项至第 4 项、第 9b 条、第 9c 条的要求。

4.委员会可针对科研对高等学校学术单位的活动进行审查,包括评估第3阶段教育项目、研究生教育和非学位教育的教育质量。审查应在大部分教育课程已经审查过的学术单位进行。

5.若出现本法第11a条第2款和第3款、第49条第4款所述情况,则委员会可在高等学校或高等教育部的要求下,自行进行第3款和第4款所述的学术质量检查和机构审查。

6.《行政程序法典》(1960年6月14日颁布实施)第24条的要求可适用于委员会成员和专家。委员会主席可以解雇委员会成员或专家。

第49条

1.委员会应向高等教育部提交下列意见和建议:

(1)高等学校设立事宜、高等学校在制定学术领域内开设一定水平学位课程的资格授予事宜。

(2)委员会的学术质量检查,包括教师培训、学校审查以及学位课程是否符合规定的要求。

(3)对特定学术领域内已撤销开设一定水平学位课程资格的再授予事宜。

(4)本法第85条第5款所述高等学校或外国高等学校分校设立的有关事宜。

2.委员会应就本法第2条第1款至第3款、军事高等学校、公共服务高等学校、艺术高等学校、医学高等学校和海事高等学校情况向本法第33条第2款规定的各个部门提出意见和建议。

3.委员会可以要求高等学校对本条第1款情况做出澄清,提供信息,并可进行实地考察。

4.在合理的情况下,委员会在高等教育部的要求下,除其商定事宜外,对指定高等学校或其学术单位进行本条第1款第2项所述的学术质量检查,或进行本法第48a条第4款所述的机构审查。

5.委员会可根据有关机构的要求安排高等学校的学术质量检查或机构审查。

6.机构审查后,委员会应做出下列评价中的一种:最佳、优、良或不合格。

7.委员会应在收到要求后的4个月内提出相关意见,本条第4款的评价做出的时间不得超过3个月。如情况合理,委员会主席可以要求延期。

8.委员会的评价应和其判断理由与结论同时发布。

9.委员会在进行工作时,如有必要,可查阅高等学校教研人员和学生的个人资料以完成工作。

第49a条

委员会应与活跃于高等教育部门的国家和国际机构及组织合作,特别是那些参与教育质量认证和评估的机构和组织。

第 50 条

1. 委员会应通过全体会议及其机构行使其职能。

2. 委员会的组成机构为：

(1)主席。

(2)秘书。

(3)主席团。

3. 主席团的成员为：

(1)委员会主席。

(2)秘书。

(3)第 4 款中审查小组的主席。

(4)波兰学生代表大会主席。

(5)2 名资方组织代表。

4. 委员会应包括专门负责指定学术领域学位课程的机构审查小组。

5. 学术领域内的每个审查小组至少由 5 名委员会成员构成,至少有 3 名有相关领域的教授或博士,至少有 1 名资方组织的代表。

第 51 条

1. 委员会主席及秘书由高等教育部任免。

2. 由主席主持召开委员会全体会议,代表委员会对外交流,签署委员会决议。

3. 秘书应对委员会进行有效管理,确保工作完成。

4. 审查小组的主席由其成员选出。

第 52 条

1. 主席团应根据审查小组提交的报告对本法第 49 条第 1 款和第 4 款相关事宜做出决议。

2. 任何一方,若对主席团就本法第 49 条的第 1 款至第 4 款做出的决议存在异议,可以要求复议。此类申请应在有关决议下发后的 30 天内提交。

3. 审查小组和主席团应在本条第 2 款所述申请提交后 2 个月内召开联合会议进行讨论。

第 53 条

1. 委员会全体会议通过的章程中应说明委员会的组织安排和操作程序,机构的特权、学术质量检查和机构审查的步骤以及任命审查人员的方法。

2. 由国家认证委员会财务局向委员会提供行政资助及财政服务,以下称"财务局"。

3. 财务局是国家预算单位,经费从国家预算中扣除,由高等教育部管理。

4. 由委员会主席任免财务局局长。由局长招聘下属职员。

5. 委员会主席提供的管理规章中应说明财务局活动的范围及组织安排。

第 53a 条

1. 委员会应将其对教育质量的决议及其相关理由发布在官网和官方公报上。

2. 委员会可在官网上发布审查小组的审查报告。

第 7 章　校长会议

第 54 条

1.学校在校学生占总人数 50％以上的高等学校可以组建波兰学术高等学校校长会议。

2.学校在校学生占总人数 50％以上的高等职业学校可以组建波兰高等职业学校校长会议。

3.不违反本法的前提下,《协会法》(1989 年 4 月 7 日颁布实施)第 10 条第 1 款和第 2 款、第 11 条、第 25 条、第 28 条和第 29 条、第 33 条至第 39 条可适用于校长会议。

4.高等教育部应对校长会议进行监督。

5.校长会议的章程应决定个人和集体作为会员和伙伴需要遵守的有关规定,以及会议机构中各成员机构的类型标准。

6.校长会议机构工作人员的任期与公共高等学校工作人员的任期一致。

第 55 条

1.校长会议应鼓励发展高等教育、科学和文化,特别是:

(1)对公共机关就高等教育、科学文化有关重要事宜、学术界重点关注的问题提出意见。

(2)就高等教育、科学文化方面的事宜主动提出意见和建议。

(3)支持、监督和鼓励不断提高教育质量,提升教师质量,这些任务可以通过其认证委员会完成。

2.以下事宜,公共机关应与校长会议商议:

(1)高等教育理念及发展对策;教学、研究、培训体系;学生和博士生的资金支持;高等学校的管理、教职员工的培养、高等学校的设施。

(2)国家预算草案中高等教育的有关部分。

(3)有关高等教育、科学和文化在国外发展的立法草案。

(4)高等教育有关的学校教育制度的规定。

3.本条第 2 款第 2 项至第 4 项有关事宜的意见应在 1 个月内提出。在此期限内未提出意见的,视为已履行。

第 2 部分　高等学校的管理体系

第 1 章　高等学校的校规

第 56 条

1.公立高等学校的校规应由其参议会与该机构工会协商后决定,至少三分之二的成员通过后方可确定。

1a.工会应在 30 天内提出有关意见。

1b. 若未能在规定时限内提出本条第 1 款事项的相关意见,则视为已履行协议要求。

2. 校规自参议会有关决议规定的日期起生效。

3. 已撤销。

4. 已撤销。

5. 除非校规中有说明,否则军事高等学校和公共服务高等学校校规的生效日期由国防部和内政部决定。

第 57 条

1. 公立神学高等学校的校规由学校领导集体与教堂和宗教团体商议后决定。自该决议规定的日期起生效。

2. 本条第 1 款的规定适用于设有神学学术单位的其他公立高等学校。教会与宗教团体的附加协议只适用于有关神学学术组织与单位的操作安排方面。

第 58 条

1. 根据本法第 24 条第 1 款,私立高等学校的校规应由其创始人或内部领导集体与该机构工会商议后决定。

1a. 工会应在 30 天内提交有关意见。

1b. 若未能在规定时限内提出第 1 款事项的意见,则视为已履行协议要求。

2. 若自然人、清算人或法人团体,或在对学校清算的过程中涉及该机构创始人的相关事宜,则私立高等学校的校规应说明创始人去世后的继承程序。

3. 已撤销。

4. 私立高等学校的校规自领导集体或创始人的有关决议规定的日期起生效。

5. 已撤销。

第 59 条

本法第 56 条至第 58 条的内容同样适用于修订后的校规。

第 2 章　高等学校的领导集体

第 60 条

1. 公立高等学校的领导集体为参议会及其学术单位的董事会。

2. 高等学校的校规维护领导集体或替代参议会的利益。

3. 本法有关参议会的规定在高等学校校规的范围内适用于领导集体。

4. 若校规中有规定,则高等学校除参议会或领导集体外还可设有理事会。

4a. 公立职业高等学校应设有理事会。

5. 私立高等学校的领导集体应在其校规中说明。本法有关参议会的规定在私立高等学校校规的范围内适用于领导集体。

6. 高等学校的最高权利人应该是校长及其学术单位的院长。院长是教职员工的领导。

7. 私立高等教育的校规维护除校长外的最高权利人利益。

8. 公立高等学校的选举机制为选举团。

9. 教职员工、博士生、学术和非学术员工应作为高等学校领导集体或选举团的代表。

第 61 条

1. 校规应说明参议会的人员构成。

2. 在不影响本条第 3 款的前提下,高等学校的校规应说明选举流程,参议会中的教职员工、博士生、学术和非学术员工的代表比例。

3. 学生和博士生代表人数至少占参议会成员的 20％。高等学校中的学生和博士生代表的人数应与两方学生的人数成比例,每方至少有 1 名代表。

4. 公立高等学校的参议会成员中,拥有教授学衔或博士学历的教职员工的人数应超过半数,但不得超过成员总数的五分之三。

5. 私立高等学校的参议会中,拥有博士学历及以上的教职员工应超过半数。在提供第 2 阶段教育或长周期教育的职业高等学校的参议会中,参议会的组成方式可以变更。

6. 校长是参议会主席。

7. 首席执行官、财务主管、图书馆馆长和运营学校的每个工会各派 1 名代表参加公立高等学校参议会的全体会议。

8. 公立职业高等学校参议会的成员包括首席执行官、校长与合作的公立职业高等学校选出的 1 名高等学校的代表。

第 62 条

1. 高等学校校规应说明参议会的职权,本法规定的内容除外。

2. 若高等学校未设立学术单位,则参议会行使该类单位董事会的职能。

3. 高等学校的财务报表由参议会依据有关法律批准。

第 63 条

1. 公立高等学校理事会成员包括下列人员,特别是下列人员的代表:

(1)国家权力机关成员。

(2)地方政府机关、专业自治组织成员。

(3)学术团体、专业和艺术机构成员。

(4)资方组织,若校规有规定,则也可为商业自治组织。

(5)商业、财务机构成员。

2. 公立职业高等学校的理事会成员可以包括与之合作的高等学校的代表。

3. 校规应规定理事会的具体成员构成和任命方法,包括本条第 1 款提到的代表。

4.国防部应依法说明受该部门监督的职业高等学校理事会的成员构成,同时应尊重该类高等学校作为军事单位的任务。

5.内政部应依法说明受该部门监督的职业高等学校理事会的成员构成,同时应尊重该类高等学校作为公共服务单位的任务。

第 64 条

1.公立高等学校的校规应说明理事会的职权。

2.公立高等学校的校规可以规定参议会和理事会共同行使的职权,以及召开主持联合会议和做出共同决议的程序。

第 65 条

1.公立高等学校参议会依法做出的决议对其他领导集体、职工、学生和博士生具有法律约束力。

2.公立高等学校校长应暂停参议会任何违反本法或该校校规的决策,并在暂停后的 14 天内召开参议会全体会议对其重新商定。根据本法第 36 条第 1 款,若参议会未能修正或撤回该决策,则校长应上报高等教育部或向本法第 33 条第 2 款中指明的各部门征求意见。

3.公立高等学校校长应暂停任何有损学校利益的决议,并在暂停后的 14 天内召开参议会全体会议对其进行重新商定。无论支持或反对,至少有三分之二的成员出席参议会且至少获得出席成员四分之三票数后,暂停决议方能生效。

4.除非校规另有规定,否则本条第 2 款和第 3 款可适用于职业高等学校。

第 66 条

1.校长应负责管理高等学校的一切事务,对外代表学校,而且是所有教职员工、学生和博士生中最高资历者。

1a.领导集体应在校规中指出,校长应领导高等学校并为其发展制定战略规划。分配给发展战略规划的资金,包括学校发展资金,应以决议方式决定。

2.除本法规定或校规中规定的其他领导集体或首席执行官的职权范围外,公立高等学校校长决定本校的一切事务,特别是:

(1)决定有关学校的资产或商业运营,包括本法第 90 条第 4 款规定的资产的扩散或负债。

(2)已撤销。

(3)监督学校的教学活动及科研活动。

(3a)监督内部工作的实施和发展,确保教育质量。

(4)监督学校管理工作和商业运营。

(5)确保学校安全合法。

(6)明确副校长职权范围。

3.已撤销。

4.军事高等学校或公共服务高等学校校长应在法律规定的兵役服务或公共服务方面进行领导。

5.私立高等学校校长的职权应包括本条第 2 款第 3 项和第 5 项内容,以及其他校规中规定的事宜。

6.私立高等学校的校规可将本条第 2 款第 1 项至第 4 项职权转移至领导集体。

第 67 条

1.校规应说明学术单位董事会的构成。

2.董事会主席是学术单位领导人。

3.在不影响本条第 4 款、第 5 款规定的前提下,校规应说明选举流程以及教研人员、学生、博士生、职工在学术单位董事会的成员比例。

4.学生和博士生代表在学术单位董事会的成员中至少占 20％的比例。在学术单位中,学生和博士生的代表应与双方学生的总人数成比例,每方至少有 1 名代表。

5.高等学校学术单位董事会中持有教授学衔或博士学历的教职员工应超过半数。

6.高等学校每个工会应派 1 名代表参加学术单位董事会会议。

第 68 条

1.学术单位董事会职权特别包括:

(1)决定学术单位活动的总体方向。

(2)根据公立高等学校参议会或私立高等学校领导集体制定的校规,与学生自治会商议后,决定教育项目及课程。

(3)根据公立高等学校参议会或私立高等学校领导集体制定的校规,与博士生自治会商议后,决定博士教育项目及课程。

(4)根据公立高等学校参议会或私立高等学校领导集体制定的校规,决定非学位研究生教育项目及拓展课程。

2.校规应说明学术单位董事会的具体职权。

3.学术单位董事会在其职权范围内所做决议对单位领导人、学生和博士生具有法律约束力。

4.学术单位领导人可向高等学校参议会就董事会决议提出反对意见。

5.若学术单位董事会所做决议违反本法、校规、参议会决策、私立高等学校最高领导集体意见、高等学校的规定和其他内部要求,则参议会可以撤销此决议。

第 69 条

1.校规应说明召开高等学校领导集体全体会议程序及其流程。

2.高等学校领导集体决议经投票选举产生,除非本法或校规另有要求,否则出席成员有半数票通过即可产生。

第 70 条

1.校规应说明学术单位领导人的职权。职权特别包括依据高等学校的发展战略提出的发展规划。

2.可就学术单位领导人的决议向校长提出反对意见。

3.若学术单位领导人所做决议违反本法、校规、参议会决策、私立高等学校最高领导集体意见、学术单位董事会决议、高等学校的规定和其他内部要求,则校长可以撤销此决议。

第 71 条

1.公立高等学校校规应说明选举团成员构成及成员选举程序,选举领导人、领导集体代表、其他选举职位人员的流程,同时需要符合下列规定:

(1)领导人由选举团选举产生;学生和博士生代表人数至少占选举团成员的 20%;学生和博士生代表人数应与双方学生总人数成比例,每方至少有 1 名代表。

(2)高等学校的全职教研人员、全职非学术员工、学生和博士生可行使投票权。

(3)65 岁以下的教研人员或 70 岁以下的教授、全职教研人员、全职非学术员工、学生和博士生可行使选举权。

(4)本条第 1 款第 2 项规定的投票人有权申请成为候选人。

(5)以无记名方式进行投票。

(6)除高等学校校规另有规定外,获得半数以上有效票数的候选人视为当选。

(7)选举时间和投票地点应在时限内公布,允许投票人参加投票。

(8)选举由依校规流程成立的选举委员会主持。

2.学生自治会和博士生自治会章程应分别说明学生和博士生代表的选举程序及其任期。

3.私立高等学校的兼职教研人员也可行使投票权。

4.公立高等学校的美术类或艺术类学术单位的兼职职工,工作量在全职职工 50%以上的,也可行使投票权和被选举权;但只有未达到退休年龄的上述非全日制职工才能行使被选举权。

第 72 条

1.公立高等学校的校长可以通过投票或竞争上岗。

2.校长至少要获得博士学历。只能由首次就业单位在高等学校的人员担任。

2a.校规应说明校长的任命方法、候选人的详细资格要求,以及符合竞争程序的条件和规则。

3.选举期间不符合雇用要求的公立高等学校校长;最迟在其上任前按相关要求淘汰。

4.新建公立高等学校,其首任校长应由高等教育部任命;若该机构为军事高等学校、公共服务高等学校、艺术高等学校、医学高等学校或海事高等学校,则其首任校长由本法第 33 条第 2 款中指明的各部门任命。

5.公立海事高等学校校长可以从教授和专业资格最高的官员以及波兰远洋舰队成员中选举(以下称为"最高官衔")。艺术高等学校校长可以从在艺术方面取得杰出成果的教授中选举。

6.选举委员会主席应以书面方式告知校长选举事宜,并立即通知高等教育部或本法第33条第2款中指明的各部门。

第73条

1.军事高等学校校长应由国防部从符合本法第72条第2款要求的现役军人中提名。

2.特殊情况下,国防部可从不符合本法第72条第2款要求,但要从获得准将或少将军衔的官员中提名军事高等学校校长。

3.作为军事单位的军事高等学校,其校长可向国防部申请,从现役军人中任命执行任务的副校长。

第74条

1.公共服务高等学校、服务组织单位的校长应由内政部从有关公共服务部门中满足本法第72条第2款要求的官员中提名。

2.特殊情况下,内政部可以从不满足本法第72条第2款要求,但至少获得少将军衔的有关部门的军官中提名公共服务高等学校校长。

3.作为组织单位的公共服务高等学校,其校长可向内政部申请,从有关部门官员中提名执行任务的副校长。

第75条

1.公立高等学校的副校长通过投票或竞争方式产生。校规应说明副校长的任命方法、数量、详细资格要求以及参加竞争需要满足的条件和要求。只能由首次就业单位为高等学校的人员担任。

2.已撤销。

3.管理学生事务的副校长需要得到选举团中学生和博士生代表的多数支持,或得到决定竞争结果的选举董事会的多数支持。选举团或选举董事会未在校规的规定时限内提出意见,视为同意。

4.若新选出的海事高等学校的校长没有最高官衔,那么应至少有1名副校长具备此官衔。

第76条

1.公立高等学校学术单位的领导人及其副手通过投票或竞争方式产生。

2.学术单位的领导人或副手的人选只能由首次就业单位为高等学校的人员担任。

3.校规应说明第1款所述职位的任命方法、学术单位副手的人数、详细资格要求以及参加竞争需要满足的条件和要求。

4. 已撤销。

5. 本法第 75 条第 3 款适用于选举管理学生事务的副校长。若校规规定,也适用于学术单位的副手和学生事务副院长的选举。

6. 若校规中任命了学术单位领导人及其副手,则学生事务副院长需要获得学生自治会或博士生自治会的批准。若学生自治会和博士生自治会未能在 7 天内提出有关意见,则视为同意。

第 77 条

1. 选举团、公立高等学校领导人任期为 4 年,从选举年的 9 月 1 日开始,到任期最后一年的 8 月 31 日结束。

2. 公立高等教育的校长、副校长、学术单位领导人及其副手在同一职位上最多连任 2 届。

2a. 公立高等学校的参议会成员或理事会成员最多连任 2 届。此条不适用于身份为高等学校前领导人的参议会或理事会成员。

2b. 本条第 2 款所述限制不适用于受文化和国家遗产部监督的公立高等学校。

3. 公立高等学校的校规应具体说明参议会或理事会成员任期到期的情况,并说明补缺选举的步骤。

4. 公立高等学校选举团在新任期开始后才能行使职能。

第 78 条

1. 根据本条第 5 款和第 6 款,公立高等学校推选出的校长或副校长也可由选举单位罢免;通过竞争程序产生的校长或副校长,若参议会成员同意罢免人数超过三分之二,则可以罢免。

2. 罢免校长的意向书至少需要半数参议会成员提交。罢免副校长的意向书可以由校长提交,罢免学生事务副院长的意向书至少需要参议会的学生和博士生四分之三的人数提交。

3. 罢免校长的决议需要至少四分之三的人数投票通过方可执行,选举团至少有三分之二的人出席。

4. 罢免校长的决议应以绝对多数票通过方可执行,选举团至少有三分之二的人出席。

5. 作为军事单位的军事高等学校,执行任务的校长和副校长的罢免应按照现役军人有关法律规定的程序进行。

6. 作为组织单位的公共服务高等学校,执行任务的校长和副校长的罢免可由内政部依据有关单位法律规定的程序进行。

第 79 条

1. 高等学校领导人及其副手的职位不得由在另一高等学校任此职位的人或私立高等学校创始人担任。

2.校规可禁止高等学校的选举团成员为另一高等学校的领导人,或身为私立高等学校创始人的自然人,或身为私立高等学校法人团体的成员。

第 80 条

1.私立高等学校的领导人及其副手的任免,由创始人或校规规定的机构与参议会商议后决定。创始人应召开参议会,获悉任免意见。

2.私立高等学校校规应说明任免学校领导人及其副手的具体程序。

第 81 条

1.公立高等学校的首席执行官负责管理校规和校长规定的行政及商业事务。

2.公立高等学校的首席执行官由校长与参议会商议后雇用。

3.公立高等学校的首席执行官对校长负责。

第 82 条

1.公立高等学校财务主管行使总会计师职能,即首席执行官的副手。其作为总会计师的责任和职权单独立法说明。

2.首席执行官可向校长申请任免公立高等学校财务主管。

第 83 条

1.除非校规另有规定,否则公立高等学校组织规章应说明其行政服务的组织运作规则。校规应说明组织规章的制定程序。

2.私立高等学校行政服务的组织运作规则应由创始人提供或由领导集体在校规中说明。

第 3 章　高等学校的组织

第 84 条

1.高等学校的学术单位,包括设在校外的单位,应由校长与参议会商议后进行建立、重组或清算。

2.已撤销。

3.高等学校可以设立其他组织单位。根据本法第 85 条第 1 款至第 4 款,校规应说明此类单位的类型、条件和建立、重组或清算的程序。

3a.根据本法第 8 条第 2 款,高等学校可以根据个别跨学科学位课程设立院际学术单位,其中的项目和课程由该单位董事会决定。

4.已撤销。

第 84a 条

1.高等学校的学术单位或体制内运营的研究中心开展所涉学科最高水平的科研活动并提供高质量博士生教育,与国家科研人才中心(以下称"中心")地位相当。

2. 科研中心和科研社团［见《科学公共资助法》（2010 年 4 月 30 日颁布实施）］，若与高等学校的学术单位联合开设博士生课程，也可获得中心地位。

第 84b 条

1. 中心地位由高等教育部认可，时限为 5 年。

2. 中心通过学习领域和研究领域内的竞争程序产生，产生结果由高等教育部和科研部宣布。

3. 特定的知识领域和学习领域内中心的数量不超过 3 个。

4. 高等教育部请该领域内的国内外专家组成委员会，负责竞争程序。

5. 高等教育部应依法决定申请中心的标准、条件及申请程序，特别考虑科研教学质量及与社会经济环境的密切程度。

6. 经批准的中心应获资助。

7. 申请国家预算或欧盟结构资金投资科研设备或教学设施时，应重点考虑中心的地位。

8. 在获得中心地位的 5 年间，委员会应根据科研结果的总结性报告对中心机构活动做出评价，包括员工和博士生个人取得的科研成就、教学与社会经济环境的关系，以及完整的财务报告。

第 85 条

1. 为行使教育职能，高等学校可以以下列形式在异地设立学术单位：

（1）高等学校的学术单位。

（2）高等学校的分校。

2. 除异地开设学术单位外，根据《地区与空间规划法》（2003 年 3 月 27 日颁布实施），高等学校学术单位还可在其所在地城市开展教育活动。

3. 高等学校也可在异地开设非教育性质的单位，该单位也可以以本条第 1 款所述形式开设。

4. 高等学校在国外设立学术单位需要在高等教育部申请并获得外交部批准后方可设立。

5. 外国高等学校，若征得高等教育部、外交部和委员会同意，可在波兰境内开设高等学校及其分校。

6. 本国承认的教育质量保障机构或欧洲高等教育质量保障机构注册局登记在册的外国高等学校或被委员会认可的另一国家机构可以开设高等学校或分校。

7. 在不影响本条第 5 款、第 6 款情况的前提下，本法的规定不适用于外国高等学校建立的高等学校和分校。

第 86 条

1. 为了最大限度地激发高等学校的科研及技术潜力，将科研成果用于经济发展，高等学校可以开设科技企业孵化器和技术转让中心。

2. 开设科技企业孵化器旨在支持高校学生、学术社团或全体职工的经济活动。

3. 科技企业孵化器可以按以下形式开设：

(1)机构级单位应按高等学校参议会通过的法规运作。

(2)企业单位或基金会应按照有关文件运作。

4. 设立技术转让中心旨在了解交易研究状况和发展状况或无偿将技术用于经济。

5. 技术转让中心按以下形式设立：

(1)机构级单位应按高等学校参议会通过的法规运作。

(2)企业单位或基金会应按照有关文件运作。

6. 以机构级单位形式设立的科技企业孵化器或技术转让中心应设有主管理事会，其成员组成和职权在各自章程中规定。

7. 机构级单位科技企业孵化器或技术转让中心主管应由校长与参议会商议后，从该单位主管理事会提名的候选人中任命。

第 86a 条

1. 为使研究成果商业化，了解发展状况，高等学校应成立有限责任公司或股份公司，以下称为"特殊目的实体"。特殊目的实体应由校长获得参议会或有关高等学校的领导集体批准后成立。其工作任务是获得能够为学校科研发展提供资金的商业实体的股份。

2. 校长可以在协议基础上赋予特殊目的实体工业所有权的管理权，以实现商业化。

3. 为行使特殊目的实体职能，高等学校应将其科研发展成果特别是已注册的工业所有权，以多种形式转化为特殊目的实体的资产。

4. 高等学校从特殊目的实体中获得的股息应分配给有关机构的合法活动。

第 86b 条

1. 特殊目的实体可以由公立和私立高等学校共同建立。

2. 若出现本条第 1 款所述的情况，任何有关的高等学校可在校长单独与特殊目的实体签订协议后，将本法第 86a 条第 1 款和第 2 款的任务，分配给特殊目的实体。

第 86c 条

高等学校参议会或私立高等学校领导集体应通过法律管理版权及有关权利，包括工业所有权，以及科研成果商业化的规则，具体如下：

1. 高等学校、教研人员、学生和博士生有关版权及相关权利，以及工业产权使用和保护的权利和义务。

2. 知识产权所有人的报酬细则。

3. 管理科研发展成果商业化的规定及程序。

4. 为实现科研发展成果商业化，科学调研服务使用高等学校资产和设施的细则。

第 87 条

作为医学高等学校授课或教研的医院或其他进行医学教学与研究的高等学校应按有关法律要求开展卫生保健工作。

第88条

1. 高等学校应在电子信息系统基础上建立图书馆。校规应说明图书馆的组织安排及运作程序,以及电子信息系统,包括除教职员工、学生或博士生之外的人员的使用规则。

2. 图书馆馆长由校长与高等学校参议会商议后雇用。高等学校图书馆馆长应持有本法第113条所述学衔或已获得的学位。

3. 高等学校应设有图书馆委员会,作为校长的咨询机构。高等学校校规应说明图书馆委员会的成员组成及其职权和任命程序。

4. 图书馆及其电子信息系统运作时,高等学校可以按照校规要求处理用户的个人资料。

5. 本条第4款所述个人资料不属于《个人信息保护法》(1997年8月29日颁布实施)第40条中的个人信息登记要求。

6. 高等学校应备有档案。根据《国家资源和档案法》(1983年7月14日颁布实施①)的有关规定进行档案工作和有关服务。

第4章　高等学校的资产和财务

第89条

高等学校的资产包括其财产和其他权利。

第90条

1. 公立高等学校成立法应记录其资产或记录提供该资产的机构。

2. 本条第1款所述的在高等学校建立过程中提供的资产包括由国库和地方政府资源转化来的不动产。高等学校与同类机构兼并时,其兼并的资产应包括兼并机构拥有的不动产。被兼并机构也应该获得由国库和地方政府资源转化来的不动产。

3. 根据《不动产管理法》(1997年8月21日颁布实施),国库及地方政府机关应为高等学校提供不动产支持。

4. 在《国库资源使用法》(1996年8月8日颁布实施②)规定范围内进行固定资产交易时,只要所涉市值超过等同于250 000欧元的波兰兹罗提,公立高等学校须取得中央

---

① 本法案的修订版发表于:2002年公报,第241号第2074条;2003年公报,第137号173条;2004年公报,第173号第1808条、第202号2065条和第273号第2703条;2005年公报,第10号第69条、第64号第565条和第163号第1362条。

② 法案修订案发布于:1996年公报,第156号第775条;1997年公报,第106号673条、第115号第741条、第141号第943条;1998年公报,第155号第1014条;2000年公报,第48号第550条;2001年公报,第4号第26条;2002年公报,第25号253条、第240号第2055条;2004年公报,第99号第1001条、第123号第1291条、第273号第2703条;2005年公报,第169号第1417条、第183号第1538条;2006年公报,第107号第721条;2009年公报,第157号第1241条、第206号第1590条;2010年公报,第229号第1496条以及2011年公报,第34号第171条。

财政部许可。市值按波兰中央银行在申请当天公布的平均汇率计算。任何此类申请都须取得有关机构参议会的批准。

5. 在偿付债务后,根据其资产来源,清算状态下的高等学校会成为国库或地方权力机关的财产。清算的公立高等学校,对其财产的有关决定应由高等教育部决定。若为军事高等学校、公共服务高等学校、艺术高等学校、医学高等学校、海事高等学校,则由本法第33条第2款中指明的各部门决定。

6. 本条第5款的规定,按照本条第3款的程序可适用于私立高等学校的资产转移。

7. 已撤销。

第 91 条

1. 依据议会其他法律,高等学校的活动应当免征所得税、增值税、财产税、农业税、林业税和民法交易税。

2. 除免除高等学校管理国有土地资产的费用外,还应当免除国库不动产永久使用权费用。

第 92 条

1. 高等学校的合法活动应由国家预算拨款资助,也可额外通过自身收入资助。

2. 公立高等学校独立产生的收入应单独存入银行账户。

第 93 条

1. 国家预算分配给公立高等学校工资上的支出应至少与国家预算的每年指数挂钩,至少与年度预算法案中国家预算部门工资的年平均增长率挂钩。

2. 国家预算分配给公立高等学校非工资上的支出应至少与国家预算的每年指数挂钩,至少与年度预算法案中消费价格的年平均增长率挂钩。

第 94 条

1. 公立高等学校应将国家预算用于:

(1)全日制学生的教学活动,免除本法第99条第1款、第1a款的学生、全日制博士生教学及教研人员的培训费用,以及学校机构的翻新与维护。

(2)军事高等学校的国防任务。

(3)公共服务高等学校的公民安全保障任务。

(4)合法范围内组织的艺术高等学校的文化活动的任务。

(5)海事高等学校维修训练船只、培训海事人员的任务。

(6)高等学校训练民航人员维护飞机以及其他培训任务。

(7)本法第173条第1款所述对学生以及本法第199条第1款所述对博士生的不可撤销的资金支持的任务。

(8)医学高等学校学术单位或其他公立高等学校医疗服务或对全日制学生的培训,其医学类授课及培训受有资格开设该专业教学课程的教职人员的直接监督。

（9）培训医生、牙医、兽医、药剂师、护士、助产士和实验专家的专业研究生课程任务。

（10）资助或共同投资，包括对残疾学生和残疾博士生的投资，特别是国家预算、国家特别基金或欧盟发展基金或《发展计划》（2006 年 12 月 6 日实施）中的其他外来投资。

（11）为残疾学生和残疾博士生能够充分参加学习提供适当条件的任务。

2.公立高等学校可以补助本条第 1 款第 7 项的学生和博士生，帮助翻新学生宿舍和学生食堂。

3.本条第 1 款所述资助可以从国家预算中拨款，由高等教育部管理：

（1）给予军事高等学校的资助由国防部管理，此类资助需要与全日制学生和全日制博士生相关，其中包括现役或预备役军人。

（2）给予公共服务高等学校的资助由内政部管理。

（3）给予艺术高等学校的资助由文化和国家遗产部管理。

（4）给予海事高等学校的资助由海洋经济部管理。

（5）培训民航人才所得资助由交通运输部管理。

（6）给予医学高等学校或其他设有保健中心或医院的高等学校的资助，此处包括高等学校进行医学教学与科研的组织单位，由卫生部管理。

4.私立高等学校中，符合本法第 173 条第 1 款要求的学生以及本法第 199 条第 1 款要求的博士生，应获得不可撤销的资金支持。

4a.私立高等学校应获得资助，为残疾学生和残疾博士生能够充分参加学习提供适当条件。

5.满足本法第 95 条第 1 款条件的私立高等学校，可以获得以下权利：

（1）补助全日制学生和参与全日制博士生课程学生的部分学费。

（2）为本条第 1 款第 1 项、第 2 项、第 4 项和第 8 项至第 11 项的项目提供资金支持。

6.高等学校可以从国家预算、地方政府机关及其协会预算中获得资金，若本条第 1 款所述工作属地方项目，也可从地方政府机关及其协会预算中获得特别基金。

7.本条第 3 款、第 4 款和第 5 款规定可适用于高等学校的协会。

第 94a 条

本法第 94 条第 1 款第 7 项所述工作、学术单位博士生的资助，从国家预算中拨款，由高等教育部管理。

第 94b 条

1.国家预算应为表现突出的专业机构提供专项基金：

（1）为中心地位的学术单位提供支持，包括给员工加薪，为学生及全日制博士生设立特殊奖学金。

（2）委员会评价为"最佳"的学术单位的课程提供资助。

（3）为高等学校的学术单位提高教育质量、实施提升国家资格框架教育质量的工作提供资助。

（4）为私立高等学校开设的全日制博士生课程提供资助，但若出现下列情况则不予资助：

（4a）年内，曾被撤销开设学位课程授权的高等学校；

（4b）该高等学校的财政安全受到威胁。

（5）资助第200a条所述博士生奖学金，至多覆盖公立及私立高等学校博士生人数的30％。

2. 本条第1款第3项的任务的资金通过竞争获得。

3. 用于本条第1款所述资金的国家拨款由高等教育部管理。

第94c条

本法第94条第1款第1项至第9项和第11项，以及本法第94b条第1款所述资金以专项资金的形式提供；但资助或共同资助，包括为残疾学生和残疾博士生提供的固定补助应以特殊项补助提供。

第95条

1. 高等教育部应依法说明私立高等学校申请本法第94条所述补助的要求及程序，监督其教育质量方面资金的使用情况、首次就业地点的教研人员、在读全日制学生和博士生的数量，以及自身投入学校设施的资金数目和学校在教学领域取得的成果。

2. 本法第94条第1款、第4款和第5款所述补助由高等教育部分配，学校说明其数量及用途。本法第94条第3款所述补助应由第94条第3款所述部门分配，并说明其数量和用途。

3. 已撤销。

第96条

1. 高等教育部应依法说明：

（1）各个学习领域全日制第一阶段和第二阶段基金库建设的方法及程序，以及各学科全日制博士生课程资金库建设的方法和程序，需要考虑此类课程的必要条件。

（2）本法第94条第1款第7项和第4款、第94a条所述补助的分配规定，需要特别考虑分配给特殊困难状况的学生和博士生的金额，以及残疾学生和残疾博士生的数量。

（3）分配程序，说明本法第94条第1款第10项所述补助的分配规则及程序；

——同时旨在确保公共资金的有效利用，提供一定质量的教育。

2. 高等教育部与国防部、内政部、健康部、文化和国家遗产部以及海洋经济部商议后，依法说明本法第94条第1款第1项至第6项、第8项至第11项交接以及第4a款所述资金的分配机制，特别考虑：

（1）开展本法第 94 条第 1 款第 1 项所述任务时,考虑每学科全日制学位课程和博士生课程的固定分配金额,以及教育质量、在读全日制学生人数,包括博士生。

（2）开展本法第 94 条第 1 款第 11 项和第 4a 款所述工作时,考虑残疾学生的人数;
——同时旨在确保公共资金的有效利用。

第 96a 条

高等教育部应依法决定对表现突出的专业机构补助分配的方法和流程,同时考虑:

1. 开展本法第 94b 条第 1 款第 1 项所述的工作时,尽可能提供 5 年或 5 年以上的补助,需要考虑中心地位机构包括学术单位教研职工、在读学生和博士生在内的职工数量。

2. 开展本法第 94b 条第 1 款第 2 项所述任务时,尽可能为高等学校不超过 25 个学术单位提供超过 3 年的补助,需要考虑中心地位机构学术单位教研职工、在读学生和博士生的人数。

3. 开展本法第 94b 第 1 款第 3 项所述任务时,提高学习质量,按照国家资格框架要求对单位组织、课程进行重组。

4. 开展本法第 94b 条第 1 款第 4 项任务时,全日制博士生人数、委员会审查学术课程所给评价,需要考虑私立高等学校或其任何学术单位因被评价为“不合格”而撤销补助的情况。

5. 开展本法第 94b 条第 1 款第 3 项任务时,尽可能提高博士生奖学金,需要考虑其科研和教学质量以及国际竞争力。

第 97 条

高等学校开展科研开发工作需要遵守的规定及程序,以及获得国家预算科研资金补助的资格要求,在《科学公共资金法》中有说明。

第 98 条

1. 公立高等学校的收入特别包括:

（1）本法第 94 条第 1 款第 1 项至第 6 项、第 8 项、第 9 项和第 11 项与第 94b 条所述补助。

（2）本法第 97 条所述法案中的国家预算科研资金。

（3）本法第 99 条第 1 款第 1a 项所述的教育费用、非全日制学位和博士生课程的费用以及高等学校为艺术类学生提供的艺术服务的费用。

（4）招生收入。

（5）获得文凭、资格证书和其他学术类文件需付的费用收入。

（6）科研和专家服务费、专家诊断服务收费、康复治疗或医疗费用,以及执照费与文化活动收入。

（7）商业活动收入。

（8）股份、利息收入。

（9）出售高等学校资产所得收入，与第三方签订有关资产的租赁、租用或其他协议收费的收入。

（10）馈赠、遗产所得，以及公共捐赠的收入。

（11）不可撤销的国际资金。

（12）本法第 94 条第 6 款所述的基金。

2. 高等教育部应依法决定每学年学费的最高收费，需要考虑学位课程种类，包括是否需要测试艺术能力倾向或身体状况。

3. 指定时间内未使用的资金仍由高等学校使用。

第 99 条

1. 公立高等学校可就以下服务收费：

（1）全日制学生和非全日制博士生的授课。

（1a）第二阶段教育后全日制学生的授课或连续全日制学位课程的授课。

（1b）参加超出欧洲学分转换体系课程的全日制学生的授课。

（2）学习成果不理想，重修全日制学位课程或博士生课程的授课。

（3）外语授课。

（4）未列入学习项目的课程授课。

（5）非学位研究生课程及拓展课程的授课。

1a. 本法第 1 款第 1a 项所述的全日制学生不包括：

（1）第 1 阶段课程学习完毕，继续参加硕士课程或同等学力课程的学生。

（2）本法第 170a 条第 3 款和第 4 款所述免费参加第 2 阶段全日制学位课程的学生。

（3）本法第 170b 条第 1 款所述的学习学位课程的学生。

1b. 公立高等学校同时招收多个全日制学位课程的学生时，收取学习第 2 阶段学位课程学生的学费，除非学生有资格免除学费或参加连续学位课程。

2. 本条第 1 款所述的费用标准由公立高等学校校长决定。但本条第 1 款第 1 项、第 1a 项和第 2 项所述的费用不可超过本条第 1 款第 1 项、第 1a 项所述的学位或博士生课程的引进及授课费用，也不可超过学位课程和博士生课程中产生的费用、高等学校发展战略计划的开展实施费用，特别是学术人员发展以及教学科研发展的费用，包括创新及折旧费用。

2a. 高等学校应在其官网上发布教育服务收费数目以及上述服务产生的其他有关费用金额。

3. 高等学校参议会决定收费规定，此规定在校长与学生签订协议时起到约束作用，以及免收学生和博士生部分或全部学费的条件，特别是对于学习成绩突出或条件困难的学生。

4. 私立高等学校的收费标准由领导集体在校规中规定。但学位课程和博士生课程有关服务的费用和重读费用不可超过高等学校此类学位课程和博士生课程的引进和授课费用，以及授课过程中产生的费用，包括高等学校发展战略计划开展实施的费用，特别是学术人员发展以及教学科研发展的费用，包括创新及折旧费用。

第 99a 条

高等学校登记连续学期或学年学习、举办入学考试和入学考试补考，包括面试或学位考试之前的检查、公布实际注册地点、提交及评估学位论文或补发文凭等事项不收取费用。

第 100 条

1. 公立高等学校的运营、偿付债务、为其发展和其他必要工作筹集的费用包含在收入中。

2. 公立高等学校应按照财政计划和运营计划独立管理财政事务，其计划应依据公共财政与会计有关法律制订。

2a. 私立高等学校应按照领导集体依据会计有关法律通过的财政计划和运营计划独立管理财政事务。其国家预算资金应按照公共财政有关法律管理。

3. 财政计划和运营计划应在通过后的 14 天内：

（1）公立高等学校提交至监督部门和公共财政管理部门。

（2）私立高等学校提交至高等教育部。

第 100a 条

1. 若公立高等学校在过去 5 年内为完成某些工作造成的净亏损值超过国家预算补助的 25％，且此亏损值在本预算年度前获悉，则该工立高等学校须制订补救计划。

2. 公立高等学校需在造成亏损后的 3 个月内制订补救计划。

3. 补救计划应包括均衡活动支出与收入平衡的方法，旨在恢复财政稳定。应在计划提交后的 3 年内实现。

4. 公立高等学校参议会负责通过补救计划并提交至监督部门。公立高等学校参议会应在相关补救计划获准后的财政年度内向部长提交相应报告的补救计划的进展情况。

5. 若公立高等学校未能根据本条第 2 款至第 4 款要求制订补救计划，或未能定期提交计划进展情况，则视为未能完成预期目标，有关监督部门应任命代理校长负责该计划的重新制订和实施，代理校长任期不超过 3 年。

6. 代理校长自上任之日起：

（1）高等学校的在任校长停职期间，除工资之外，无额外补贴。

（2）高等学校任何领导集体在财政决策方面的活动暂停，包括本法第 90 条第 4 款所述职能。上述领导集体的其他职权保留。

（3）公立高等学校代理校长为该校参议会主席。

7.校长停职不影响在职校长或领导集体任何成员的任期。若在代理校长任职期间,校长任期期满,则不进行下届校长的竞争或选举。

8.高等教育部应依法决定补救计划实施的程度及范围,确保重建期间该校财政稳定,需要考虑负债金额及高等学校的所属种类。

第 101 条

1.公立高等学校应设立:

(1)资本基金。

(2)法律规定的其他资金。

1a.高等学校可以设立发展资金。

2.产生的任何净利润应划归资本基金。若设立发展基金,则划归发展基金。

3.产生的任何净亏损从资本基金中扣除。

4.公立高等学校的年度财政报告需审核认证。

第 102 条

1.公立高等学校资本基金应与其资产价值相当。

2.公立高等学校的固定资产和无形资产,除房屋(包括附属建筑、土地等在内的)和其他有关建筑以及有关基础设施外,需按有关法律规定进行折旧。

3.包括附属建筑、土地等在内的房屋和其他有关建筑以及有关基础设施可能会注销。

第 103 条

1.高等学校应为学生设立援助基金。

2.本条第 1 款所述基金应建立在:

(1)除为奖学金所设资金之外,本法第 94 条第 1 款第 7 项、第 4 款所述补助。

(2)学生宿舍的住宿费。

(3)学生食堂的餐饮费。

(4)其他收入,包括学生宿舍和食堂的租赁费。

3.学生援助基金的一部分应分配给补助、奖学金和救济补助。若为公立高等学校,则还应分配一部分用于翻新学生宿舍和食堂。博士生援助资金数目不得超过第 2 款第 1 项所述基金的 6%。

4.学生援助基金的一部分应包括学生宿舍和食堂的维护费用。若为公立高等学校,则还应包括学生宿舍和食堂在职职工的工资及福利补贴,见本法第 157 条。

5.学生援助基金的一部分也可分配给补助、奖学金和救济补助,用于学生宿舍和食堂的翻新和升级。

6.部分学生援助基金,即不超过该年度预算补助的 0.2%,可用于颁发奖学金、为学生分发救济补助。

7.财政年度学生援助基金任何未用完的款项,若属本条第 2 款第 1 项所述部分,可以转至下一年,用于本条第 3 款规定用途;若属本条第 2 款第 2 项至第 4 项所述部分,则用于本条第 4 款和第 5 款规定用途。

第 104 条

1.高等学校可以为职工、学生自行设立奖学金,分配除本法第 94 条第 1 款和第 6 款所述外的资金。若校规有规定,则从此类资金中颁发的奖学金与本法第 173 条第 1 款、第 199 条第 1 款所述补助和奖学金无关。

2.本条第 1 款所述奖学金应在分别与学生自治会或博士学生自治会的执行机构商议后,按规定颁发。

第 105 条

各部门理事会应依法说明管理高等学校财务业务的细则,包括:

1.拟订财政计划和运营计划的规则。

2.设立基金会及调整的有关规则。

3.成本核算细则。

调整高等学校财政运营的方法来满足本法要求。

第 106 条

高等学校的教学、科研、试验、艺术活动、体育活动、诊断、医疗以及康复活动在《自由经济活动法》(2004 年 7 月 2 日颁布实施①)规定范围内不构成经济活动。

第 3 部分　高等学校教职员工

第 1 章　总　则

第 107 条

高等学校教职员工分为学术员工和非学术员工。

第 108 条

学术员工:

1.科研-教学人员。

2.教学人员。

3.科研人员。

4.合格的图书管理员、档案管理员和电子信息系统工作人员。

第 109 条

1.学术员工可以是:

---

① 本法修订版发表于:2004 年公报,第 281 号第 2777 条;2005 年公报,第 33 号第 289 条、第 94 号第 788 条和第 143 号第 1199 条。

（1）满足本法要求者。

（2）具有完全的法律能力者。

（3）未曾被判故意犯罪者。

（4）未曾受本法第 140 条第 1 款第 4 项处分者。

（5）充分享有公民权者。

2.已撤销。

3.高等学校聘用非本国公民作为学术员工时无须取得就业管理局的批准或许可。指派给非本国公民本法第 111 条所述其他有偿工作也无须获得就业管理局的批准或许可。

3a.聘用本条第 3 款所述人员或在其他国家取得学术学位、艺术学位或其他学位的波兰公民时,可酌情减少本法第 144 条规定的要求。

4.本条第 3 款所述人员,若签订雇佣合同,则有义务参加国家社会保障和医疗保险制度,且应获得本法及其他波兰公民适用法律的权利。

第 110 条

1.科研-教学人员和科研人员有以下职称:

（1）教授。

（2）副教授。

（3）客座教授。

（4）讲师。

（5）助教。

2.教学人员可有以下职称:

（1）高级讲师。

（2）讲师。

（3）教师或教员。

3.职业高等学校的教学人员可以参照本条第 1 款第 1 项至第 3 项及第 5 项所述的职称。

4.已撤销。

第 111 条

1.科研-教学人员应:

（1）授课并指导学生,帮助学生形成学习方法并进行监督,对学生学习情况进行总结,帮助学生完成学位论文的撰写。

（2）从事科研开发工作,积极提高科研水平或发表艺术作品。

（3）参加高等学校的组织工作。

2.科研人员的职责在本条第 1 款第 2 项和第 3 项中说明。

3.持有教授学衔或博士学位的学术员工的职责应包括科研人员的发展工作。

4.教学人员应：

(1)授课并指导学生，帮助学生形成学习方法并进行监督，对学生学习情况进行总结，帮助学生完成学位论文的撰写。

(2)进一步发展自身的专业能力。

(3)参加高等学校的组织工作。

5.职业高等学校的学术员工可从事科研工作。该类工作的要求由领导集体在校规中说明。

第 112 条

1.医学高等学校或其他涉及医学领域的高等学校的学术员工，应开展与医疗服务相结合的教学和科研工作，以达到医疗保健有关法律方面的要求。

2.负责医疗保健工作的学术员工应与根据本条第 1 款所述单位的医疗保健服务提供者签订单独的协议。

3.本条第 1 款和第 2 款所述规定适用于兽医科学领域内公立高等学校的学术单位。

第 112a 条

1.学术员工应提交书面声明，要求成为专业领域学术单位、长周期教育或第 1 阶段和第 2 阶段教育课程中的核心员工，或申请只成为第 1 阶段教育或只成为第 2 阶段教育的核心员工。

2.学术员工可向特定的高等学校学术单位或另一所高等学校学术单位提交 1 份附加说明，要求成为某一学习领域第 1 阶段教育的核心员工。

3.本条第 1 款和第 2 款所述的说明应在该学年开始前提交，最迟不超过下一学年的 6 月 30 日。

第 113 条

应聘合格的图书管理员、档案管理员和电子信息系统工作人员可在以下岗位任职：

1.高级馆长，负责文件认证。

2.委托管理人，负责文件认证。

3.图书馆助理教授，管理文件、整理信息。

4.图书馆助理，管理科学文献和资料。

第 114 条

1.教授职位由获得教授学衔者担任。

2.副教授职位由获得博士学位或获得副教授学衔者担任。

3.客座教授的职位由在另一高等学校任职的、获得博士学位或获得教授学衔者担任。

4.海事高等学校的副教授职位可由获得博士学位或获得海军较高军衔者担任。

5.讲师至少需要持有博士学位。

6.助教至少获得硕士学位或具有同等学力。

7.本条第110条第2款所述的教学人员至少获得硕士学位或具有同等学力。

8.已撤销。

第 115 条

1.依本法规定,不符合本法第114条第2款和第3款要求,但在科研、专业方面或艺术活动方面取得杰出成就,且获得博士学位者也可担任副教授或客座教授的职位。

2.已撤销。

3.军事高等学校的客座教授至少由获得准将或少将军衔者担任。

3a.公共服务高等学校的客座教授至少由获得准将军衔者担任。

4.已撤销。

5.已撤销。

第 116 条

本法第110条所述职位人员的额外要求及专业资格要求,可在高等学校的校规中规定。

第 117 条

高等教育部应依法说明:

1.合格图书管理员、档案管理员和电子信息系统工作人员的上岗要求,包括特殊要求、服务时长及科研成果,进入选拔的先决条件以及淘汰原因。

2.合格人选或合格候选人的选拔方法及管理安排,包括审查小组的任命及运作。

3.合格人选或合格候选人的发展要求,包括专业进步要求、专业领域及主攻范围。

4.专业资格的证明证书,考虑需要纳入专业资格的审查数据,同时特别考虑高等学校图书馆及电子信息系统的有效运行。

第 2 章　高等学校的雇佣关系

第 118 条

1.应签订聘任或雇佣合同以建立与学术员工的雇佣关系。只有教授学衔者才可签订聘任合同。聘任合同为全日制。

2.公立高等学校与学术员工的雇佣关系由校长依据校规建立或终止。

3.私立高等学校与学术员工的雇佣关系由学校领导集体依据校规建立或终止。

4.已撤销。

5.军事高等学校的现役军人应按现役军人兵役服务的有关法律以及本法第114条至第116条有关规定,提名学术职位。

6.公共服务高等学校的官员应按有关服务法律和本法的有关规定,提名学术职位。

7.同一高等学校的学术员工间不存在直接上下属级关系。此项不适用于高等学校领导人或依本法要求选出的领导。

第 118a 条

1.在公立高等学校本法第 110 条所述岗位上任职的兼职学术员工,工作时间至少为全职职工的 50%。其工作时间是否自由应通过公开竞争方式决定。校规中应说明此类竞争的条件及程序。

2.本条第 1 款和第 72 条第 1 款、第 75 条第 1 款、第 76 条第 1 款所述竞争过程应在高等学校、高等教育部管理服务部门以及高等学校的有关监督部门的官网上公布,也应公布在欧洲委员会官网上。欧洲委员会致力于科学家的交流,招聘科研岗位。

3.学术员工若达到退休年龄,可以不通过竞争在退休前任职的岗位重新上岗。

第 119 条

1.与学术员工签订的聘任合同和雇佣合同应说明签订合同的双方、类型、订立日期以及雇佣的条件、支付工资的形式,特别是:

(1)工作性质。

(2)工作地点。

(3)高等学校是否是本法所指工作地点。

(4)与工作性质挂钩的薪酬,包括薪酬的构成。

(5)工作时间。

(6)开始工作日期。

2.以聘任合同建立的雇佣关系需要学术员工提交书面声明,声明高等学校为本法规定的他们的首次就业单位。

第 120 条

未取得博士学位任职助教者,以及未取得博士学位任职助手者,其任职时限以及该时限长短、职位是否终止的有关事宜在本法中说明。

第 121 条

1.已撤销。

2.校长的聘用期限灵活。

3.已撤销。

4.高等学校参议会可向高等教育部申请,聘任校长为教授或副教授。

5.若校规无另外要求,则本条第 4 款所述规定适用于私立高等学校。

6.高等教育部的职权,在处理军事高等学校、公共服务高等学校、艺术高等学校、医学高等学校和海事高等学校事宜时,由本法第 33 条第 2 款规定的各部门行使。

第 122 条

1.学术员工可向校长申请工作证。

2.申请工作证需要付费。收取的费用不可超过出具文件的成本。此类费用是高等学校收入的组成部分。

3.考虑到雇佣的员工需要证明自己学术员工身份,高等教育部应依法决定工作证样本以及制作此类工作证的程序。

第 123 条

1.与学术员工的雇佣关系可以以下列方式终止:

(1)经双方同意。

(2)任何一方提出终止。

(3)无须终止通知。

2.学术员工雇佣关系终止通知期为 3 个月,在学期结束时生效。

3.军事高等学校应根据现役军人服务的有关法律解雇身份为现役军人的学术员工。

4.公共服务高等学校应根据有关服务法以及本法有关规定终止身份为公共服务机关官员的学术员工的雇佣关系。

第 124 条

1.若发生下列情况,校长可以宣布终止与学术员工的雇佣关系:

(1)因病暂时丧失工作能力,若时间超过病假福利时限,或超过两年,即使权威医生证明其健康状况好转,能够回到岗位上工作。

(2)高等学校被迫进行清算。

(3)考核不合格的学术员工。

(4)未经校长同意担任辅助职位的学术员工。

2.校长连续两次收到某学术员工的负面评价,应终止与该职工的雇佣关系。

第 125 条

与学术员工的雇佣关系,也可在有关高等学校领导依据校规集体商议后以其他合理理由终止。

第 126 条

若发生下列情况,校长可以不予通知地终止与学术员工的雇佣关系:

1.永久丧失工作能力,有医生依法出具的养老金和享受社会保障基金的证明,证明没有适合其健康状态以及专业资格的就业岗位,或学术员工拒绝转换岗位工作。

2.学术员工未能在规定时限内提供 1 份岗位的工作能力证明,此证明由负责定期或后期检查的医生开具。

3.做出下列行为的学术员工:

（1）根据《版权及相关权利法》①（1994 年 2 月 4 日颁布实施）第 115 条所述，曾被判故意犯罪。

（2）纪律委员会判决的下列行为：

（2a）挪用他人的全部或部分工作成果或艺术成就。

（2b）未标注原作者身份或笔名，对其作品进行转载或二次加工。

（2c）未标注原作者身份或笔名，对其艺术表演进行转载或二次加工，或歪曲其录音、录像或广播制品。

（2d）以其他方式侵犯他人的版权及相关权利。

（2e）伪造科研成果，或任何学术造假、学术欺诈。

（2f）被指控曾故意犯罪。

第 127 条

1. 若发生下列情况，与学术员工的雇佣关系在法律上终止：

（1）聘任文件错误或无效。

（2）法院判决为故意犯罪，剥夺学术员工的公民权利。

（3）暂时或永久剥夺学术员工从事教学工作的权利。

（4）若判决刑事处罚的原因与行使学术员工的职责有关，则禁止学术员工任职。

（5）由于拘留造成旷工 3 个月。

（6）判处监禁或限制人身自由的学术员工。

（7）聘任合同期满。

（8）学术员工死亡。

2. 公立高等学校学术员工的雇佣关系在员工达到 65 岁的那一学年结束时期满。与教授、副教授或客座教授的雇佣关系在员工达到 70 岁的那一学年结束时期满。

3. 校长应通知员工雇佣关系期满。

4. 在校长办公室任职的学术员工的雇佣关系应在员工达到 70 岁的那一学年重新建立，直至员工任期结束。

第 128 条

1. 学术员工雇佣合同应按《劳动法》（1974 年 6 月 26 日颁布实施）的有关规定终止或期满，在学期结束时生效。

2. 发生本法第 124 条第 1 款情况时，校长也可按照合同通知学术员工终止雇佣关系。

第 129 条

1. 公立高等学校的学术员工可以与从事教学或科研活动的另一方建立雇佣关系。

---

① 本法案修订版发布于：2001 年公报，第 128 号第 1402 条；2002 年公报，第 126 号第 1068 条、197 号第 1662 条；2003 年公报，第 166 号第 1610 条；2004 年公报，第 91 号第 869 条、第 96 号第 959 条和第 172 号第 1804 条。

学术员工若想与另一方签订或继续雇佣关系需获得原学校校长批准。若未获得校长批准，另一方应通知学术员工的首次就业单位，终止与员工的雇佣关系。

2.学术员工为另一方提供的教学或科研服务若降低原学校执行职能的效率，或使用了学校的教学设施或设备，则校长应不予批准。

3.学术员工应将其任何经济活动通知其作为首次就业单位的高等学校校长。

4.第1款所述规定不适用于签订了以下雇佣合同或隶属于以下机构的学术员工：

(1)《公共机关官员雇佣法》①(1982年9月16日颁布实施)第1条第1款、第2款第1项、第2项第4a项所述的公共机关官员。

(2)学术团体或专业协会当局。

(3)司法机构当局。

(4)文化机构。

(5)波兰科学院、波兰艺术科学院当局。

(6)高等教育部门内的上诉委员会。

5.为签订或继续与另一方的雇佣关系，身为公立高等学校领导人的学术员工需依照校规获得学校领导的集体批准。此批准应在其任期内下发。若领导人连任，则下发时限延长4个月。

6.关于签订或继续雇佣关系的批准应在提交后2个月内下发；本条第5款所述批准应在流动人口任期开始后的2个月内下发。

7.若领导集体拒绝学术员工继续雇佣协议，则员工应在拒聘后的4个月内停止其雇佣关系。若未能停止其雇佣关系，则该领导人停止在公立高等学校继续任职。

8.依据本法第128条第1款，雇佣关系终止的通知在继续雇佣关系既成事实的当月月底生效。若是军事高等学校、公共服务高等学校、艺术高等学校、医学高等学校和海事高等学校的校长，则分别由本法第33条第2款规定的各部门下发通知。本条第7款所述停止继续任职，在实际停止雇佣关系之日起生效。

9.本条第1款和第7款所述终止雇佣关系的通知及停止继续任职由校长分别通知。涉及公立高等学校校长，由参议会申请。本条终止通知由高等教育部执行。军事高等学校、公共服务高等学校、艺术高等学校、医学高等学校、海事高等学校分别由本法第33条第2款规定的各部门执行。

10.在军事高等学校任职学术员工的现役军人，依据兵役有关法律可以要求取得本条第1款所述批准。未经批准与另一方签订聘任协议，校长可以根据兵役有关法律要求撤销学术员工的职务。

---

① 本法修订版发布于：2001年公报，第98号第1071条、第123号第1353条、第128号第1403条；2002年公报，第1号第18条、第153号第1271条、第240号第1052条；2003年公报，第228号第2256条；2005年公报，第10号第71条、第169号第1417条；2006年公报，第45号第319条、第170号第1218条、第218号第1592条、第220号第1600条；2007年公报，第89号第589条；2008年公报，第157号第976条、第227号第1505条；2010年公报，第165号第1118条、第182号第1228条和第229号第1494条以及2011年公报，第82号第451条。

11. 除非校规另有规定,第 1 款至第 8 款所述可适用于私立高等学校。与私立高等学校校长有关的雇佣关系的终止通知及任期期满事宜由创始人决议或通知。本法第 128 条第 1 款可适用于雇佣关系的终止。

12. 若学术员工按其他法律与另一所高等学校、科研院所、波兰科学院下属科研单位、科研院所或国际科研院所签订雇佣协议,且位于波兰境内,则高等学校校长或有关科研院所所长应在 14 天内向高等教育部告知情况,内容包括新设立高等学校学术单位的细款或学术员工雇佣情况。

第 129a 条

1. 高等教育部应保存好学术员工和研究人员的中央登记册。

2. 学术员工和研究人员的中央登记册应包括以下细款:

(1)学术员工和研究人员的姓名。

(2)个人身份,若此类号码不可用,也可用证明身份的其他文件编号、学术或专业学衔以及学历。

(3)首次就业单位及随后就业单位的信息。

(4)是否为核心工作人员。

3. 本条第 2 款所述细款内容应由高等学校、科研院所、波兰科学院下属科研单位、科研院所,司法部下属进行科研开发活动的国家组织单位以及根据其他法律在波兰境内从事科研活动的国际科研院所提交。

4. 本法第 33 条第 2 款规定的各部门、科研院所所长和司法部下属国家组织单位,以及学位职称委员会、理事会和委员会可以查看中央登记册记录的学术员工和科研人员的详细信息。

5. 高等教育部应依法决定:

(1)保存中央登记册的方式。

(2)高等学校、科研院所提交详细信息的时间。

(3)查看中央登记册信息的详细规定及方法,同时需要考虑确保高等学校人力资源的合理利用。

第 130 条

1. 学术员工的工作时长由其教学、科研和管理工作的责任和义务决定。

2. 学术员工的责任、义务及义务范围内需要教授的特别课程,包括每个岗位的工作量及计算教学时长的规定由参议会决定。

3. 年度教学工作量为:

(1)科研-教学人员教学工作量为 120 小时至 240 小时。

(2)教学人员教学工作量为 240 小时至 360 小时。

(3)讲师或同等职位的教学人员教学工作量为 300 小时至 540 小时。

4. 给学术员工分配重要任务、科研项目或其他校规规定的任务时,校长可以减少其规定完成的教学工作量。

5.学术员工的特殊任务及义务,以及教学工作量,由学术单位领导人在校规中决定。

6.可以按照参议会要求在高等学校校外授课,特别是高等学校下属的中学或高中。

7.本法第113条所述员工及管理文件的图书管理员、档案管理员、电子信息系统工作人员,工作量必须达到每周36小时。

8.本法第113条所述的在私立高等学校工作的员工及担任资深馆员、管理文件的图书管理员、档案管理员、电子信息系统工作人员的教学工作量和总工作量另行规定。

第131条

1.特定情况下,学术员工完成授课课程可以超过规定的教学工作量,但加班时长不超过科研人员规定工作量的四分之一或教学人员规定工作量的一半。

2.经学术员工同意后,加班的时间可以超过本条第1款规定的时间。此类工作的规定及程序由参议会制定。

3.学术员工怀孕期间或照顾1岁以下儿童期间,未经事先同意,不得分配需要加班的工作。

第132条

1.应定期评价所有学术员工的工作,特别是本法第111条规定的工作履行情况,以及尊重版权和有关权利以及工业所有权的情况。

2.校规规定单位或雇佣学术员工的学术单位领导人至少每4年进行一次绩效考核。对已经聘任为教授的学术员工至少每4年进行一次绩效考核。校规应说明绩效考核的标准及程序,可以征求外界专家的意见。

3.考核学术员工履行教学责任情况时,本条第2款所述机构应结合学生和博士生完成课程情况进行考核。高等学校校规应说明此类考核的要求及利用方法。

4.本条第2款所述评价时期不包括产假、育儿假和病假时期,也不包括兵役或替代兵役时期。

第133条

1.学术员工有36个工作日的带薪年假。年假期间没有教学职责。

2.学术员工在第一学年暑假开始时享受第1个年假,在随后每个连续日历年开始时获得第二个及随后的年假。

3.以下情况下,学术员工的年假应与其受雇时间成比例:

(1)日历年年初开始就业。

(2)日历年年中就业关系终止。

(3)返岗工作前的无薪假期、育儿假或病假。

4.兼职学术员工根据就业合同规定按比例分配带薪年假。

5.学术员工可就因雇佣关系终止或期满未能享受的年假要求经济补偿。

6. 除规定的 5 天工作日之外的非工作日不计入带薪休假范围。

7. 年假的批准程序由参议会或领导集体在校规中说明。

第 134 条

1. 学术员工在高等学校工作满 7 年后，可以申请学术科研休假，时间长至 1 年。

2. 已撤销。

3. 学术员工最多可申请 3 个月的带薪休假用来准备博士论文。

4. 经校长批准，学术员工可享受无薪休假进行科研活动。

5. 全职学术员工在高等学校工作 5 年后可以享受带薪病假，若其健康状态需要进行处方治疗，时间至多连续 6 个月。学术员工任职期间，休病假的总时长不得超过 2 年。

6. 考虑到批准此类病假程序、开具证明所需的条件，卫生部与高等教育部商议后，可以依法说明开具本条第 5 款所述病假证明的程序，以及开具证明所需的文件。

7. 学术员工应向校长提交本条第 5 款所述的病假的书面申请，同时需要提交具有国家健康执照的医生开具的证明。

8. 开具的证明的有效性依据有关法律规定核查。

9. 学术员工无须承担为请病假所开具的医疗证明的任何费用。

10. 享受本条第 5 款所述的带薪休假的员工在休假期间不得与第三方建立雇佣关系或从事任何经济活动。

11. 本条第 1 款、第 3 款、第 5 款所述带薪休假的薪酬应依据年假薪酬的有关要求计算。

12. 在校规中说明批准本条第 1 款、第 3 款和第 5 款所述休假的详细要求及程序。

第 135 条

1. 高等学校以签订就业合同方式雇佣非学术员工。此类就业合同由高等学校校长或领导集体在校规中说明。

2. 本法第 138 条第 1 款的规定适用于非学术员工。

第 136 条

1.《劳动法》(1974 年 6 月 26 日颁布实施)适用于本法范围之外的员工与高等学校雇佣关系的相关事宜。

2. 员工与高等学校雇佣关系存在任何争议由就业法庭审理。

第 3 章　学术员工的养老金和福利

第 137 条

1. 依据本条第 2 款和第 3 款，学术员工及其家属可依法享受社会保险基金提供的养老金和福利。

2.按照退役法有关要求,学术员工若为现役军人,则员工及其家属可以享受职业退休金。

3.学术员工若为公共服务官员,且符合警察局、国家安全局、情报局、波兰边防部、政府安全办、国家消防局和监狱的有关规定,则有权享受职业退休金。

第 138 条

1.学术员工达到法定退休年龄,或永久丧失工作能力的,可一次性领取任职最后1个月基本工资的 3 倍金额。

2.达到法定退休年龄,即满 65 岁的学术员工可不返聘。

第 4 章　　学术员工的惩戒责任

第 139 条

1.学术员工的工作表现或行为若被视为违反职业道德标准,应受纪律处分。

2.本章所述纪律处分不包括单独立法规定的惩戒责任或职业责任。

第 140 条

1.纪律处分包括:

(1)警告。

(2)批评。

(3)高等学校中担任管理职位的训诫及禁令期为 5 年。

(4)暂时或永久禁止行使其相关的专业或学术职能。

2.纪律处分说明的副本及裁决收录在学术员工的档案中。本条第 1 款第 4 项所述的由纪律委员会出具的有效裁决,由高等教育部发布在其官方刊物上。

第 141 条

1.小错误向校长报告后给予员工警告处分。

2.由校长给予警告处分的学术员工可以向学术员工纪律委员会提出反对意见。若有任何反对意见,应在处分下达的 14 天内提出。

3.若出现第 2 款所述的情况,委员会不得施加更严厉的处分。

第 142 条

1.对学术员工进行处分裁定:

(1)最初由学校学术员工纪律委员会进行,其成员包括:

(1a)若纪律审察员要求按本法第 140 条第 1 款第 1 项至第 3 项处分,则为 3 人。

(1b)若纪律审察员要求按本法第 140 条第 1 款第 4 项处分,则为 5 人。

(2)第二次由高等学校委员会学术员工纪律委员会做出裁定,其成员包括:

(2a)若纪律审察员要求按本法第 140 条第 1 款第 1 项至第 3 项处分,则为 3 人。

(2b)若纪律审察员要求按本法第 140 条第 1 款第 4 项处分,则为 5 人。

2.若调查过程中发现该情况应是由 5 人审理的,则纪律委员会处理该情况时应做出决定。委员会的新成员由学术员工纪律委员会主席或高等学校委员会学术员工纪律委员会任命。

3.本条第 1 款所述的纪律委员会的人员构成中至少要有 1 位学生。

4.本条第 1 款第 2 项所述的纪律委员会的人员构成中至少包括 1 位取得法律学位的成员。

5.纪律委员会主席的职位应不低于被处分人。

第 143 条

1.纪律委员会以选举方式产生。其选举过程在校规中说明。

2.纪律委员会由高等教育委员会选出。其选举过程由委员会规定。

3.纪律委员会独立进行裁决。

4.纪律委员会独立决定法律事宜,不受其他法律裁决的约束,有权判决诉讼的法院判决或科学伦理委员会裁定除外。

5.纪律委员会的决定及判决通过简单多数票的方法产生。

6.纪律委员会成员任期 4 年,就任日期与高等学校机构上岗日期一致。

7.纪律委员会成员任期 4 年,就任日期从 1 月 1 日起开始。

8.纪律委员会的行政费用由高等教育部组织单位提供。

第 144 条

1.纪律监察员可向纪律委员会申请纪律处分。

2.处分程序应在通知校长后进行,时间不得晚于 6 个月。若提交给高等教育部,则时间不得晚于 5 年。若该行为构成本条第 3 款所述的法律犯罪,则时间不得短于该行为的时效期限。

3.若学术职员被指控以下行为,纪律监察员应公开调查:

(1)盗用他人的全部或部分艺术作品或艺术成就。

(2)未标注原作者身份或笔名,对其作品进行转载或二次加工。

(3)未标注原作者身份或笔名,歪曲其录音、录像或广播制品。

(4)以其他方式侵犯他人的版权及相关权利。

(5)伪造科研成果,或任何学术造假。

(6)收取任何私人财物礼品,或做出与高等学校所任职位或行使职能直接相关的承诺。

(7)对高等学校或公众、当地政府机构造成不良影响,或向他人暗示、鼓动扩大此类不良影响,或作为中间人安排事务,收取私人财物礼品,做出相关的承诺。

(8)作为中间人,以影响高等学校事务决策或影响高等学校职位职能的行使为手段,收取他人财物礼品。

4.若处分程序在第 2 款所述的时限内进行,则自裁决实施之日起 2 年内不得复议。

5.对于出现本条第 3 款第 1 至第 5 项情况的学术员工的处分无时间限制。

6.纪律处分及其裁决卷副本于 3 年后从学术员工档案中撤销;若为本法第 140 条第 1 款第 4 项类型纪律处分,且处分期间未再受纪律处分或被判故意犯罪,则受到裁决后的 5 年后撤销。

第 144a 条

违反纪律和职业道德标准,纪律委员可要求科学伦理委员会[见《波兰科学院法》(2010 年 4 月 30 日颁布实施]第 39 条第 1 款)就该事宜提出意见。科学伦理委员会提出的任何意见都对纪律委员会处理该类事件具有约束力。

第 145 条

1.高等学校纪律监察员由校长任命,委员会的纪律监察员由高等教育部任命,委员会学术员工至少有博士学历。

2.若任命纪律监察员的机构知悉委员会的处分裁决行为,应立即通知纪律监察员展开调查。

3.纪律监察员行动受委任机构的约束。

4.校长任命的纪律监察员任期为 4 年,上任时间与高等学校领导集体上任日期一致。

5.高等教育部任命的纪律监察员任期为 4 年,就任日期从 1 月 1 日起开始。

第 146 条

1.被指控违反纪律的人有权选择自己的法律代表。如果法律监察员要求实施处分,且被处分人没有自行选择法律代表,则评审团主席应从学校中指定 1 位学术工作人员为其法律代表。

2.若被处分人未能出席应诉,则诉讼可在其缺席的情况下进行。

3.若对纪律委员会所做裁决存在异议,可在收到裁决后的 14 日内,连同理由一起向委员会提出上诉。

4.若对纪律委员会所做裁决存在异议,可向华沙地区法院劳动和社会保障法庭提起上诉。上诉申请应符合《民事诉讼法》有关要求。上诉的法庭做出判决后不得再次上诉。

5.若出现本法第 144 条第 3 款第 1 项至第 5 项的行为,纪律委员会可提交该裁决材料,以供科学基金部门参考。

6.发生下列情况,重新启动处分程序,下达最终处分:

(1)处分过程中出现严重违法行为,可能会影响判决结果。

(2)判决时出现新的事件或证据,证明被处分人无过错,诉讼过程被另一法令或委员会误判中断。

(3)裁决时出现侵权行为,阻碍被处分人辩护权行使的情况;或委员会成员构成不符合本法第 142 条要求,或委员会的任何成员未参与处分过程。

7.出现本条第 6 款第 1 项情况,若该情况已被上诉法庭依本条第 4 款要求检查,不进行重新处分。

8.若出现被处分人死亡,或距委员会提供判决理由时已过 3 年,或处分期满后该行为成为违法行为,或该处罚已执行或免除等对被处分人不利的情况,不予重新处分。

9.重新处分理由下达后的 30 日内,被处分人、其法律代表或纪律监察员可以提交重新处分申请。被处分人死亡后或被处分人出现精神不正常现象后,也可由被处分人的配偶、直系亲属或兄弟姐妹提交重新处分申请。

第 147 条

1.学术员工处于刑事诉讼或处分期间,校长可以暂停其职务。为保证处分的公正严肃,初步调查期间如有必要也可暂停其职务。

2.学术员工自临时拘留之日起,依法暂停其职务。

3.职务暂停时间不得超过 6 个月,除非学术员工正在进行刑事诉讼。

第 148 条

1.职务暂停期间学术员工的工资可能会减少,处于临时拘留的学术员工扣除的工资不少于其基本工资的一半,金额视其家庭状况而定。工资从职务暂停后的下一个历月开始扣除。职务暂停期间不享受额外津贴或加班费。

2.若纪律处分或刑事诉讼因证据不足终止,或结果证明无罪,则应支付学术员工应得的大部分工资。

第 149 条

1.若诉讼涉及校长、副校长、委员会主席或委员会主席及成员,高等教育部应行使校长在调查、处分过程中的职能。

2.高等教育部行使的职权,在处理军事高等学校、公共服务高等学校、艺术高等学校、医学高等学校和海事高等学校事宜时,分别由本法第 33 条第 2 款规定的各部门行使。

3.高等教育部,经与国防部、内政部、文化和国家遗产部、卫生部和海洋经济部商议后,依法说明进行初步调查和纪律处分的详细程序,包括初步调查和纪律处分的具体步骤、任何可能导致处分暂停或进行重新处分的情况、传唤审查被处分人的步骤及要求、证人、专家、出具其他证据的事宜,以及决定和减少纪律处分的方法。

第 150 条

《刑事诉讼法》①(1997 年 6 月 6 日颁布实施),除第 82 条外,适用于本法未做规定的学术员工的纪律处分的任何事宜。

---

① 本法修订版发布于:1999 年公报,第 83 号第 931 条;2000 年公报,第 50 号第 580 条、第 62 号第 717 条、第 73 号第 852 条和第 93 号第 1027 条;2001 年公报,第 98 号第 1071 条和第 106 号第 1149 条;2002 年公报,第 74 号第 676 条;2003 年公报,第 17 号第 155 条、第 111 号第 1061 条和第 130 号第 1188 条;2004 年第 51 号第 514 条、第 69 号第 626 条、第 93 号第 889 条、第 240 号第 2405 条和第 264 号第 2641 条;2005 年公报,第 10 号第 70 条、第 48 号第 461 条、第 77 号第 680 条、第 96 号第 821 条、第 141 号第 1181 条、第 143 号第 1203 条和第 163 号第 1363 条。

第 5 章 高等学校员工的薪酬及其他福利

第 151 条

1.高等教育部与劳动部商议后依法规定公立高等学校员工薪酬及员工其他工作有关福利,直到签订集体劳动合同或制定员工奖励条例,内容包括:

(1)每个岗位的基本工资金额、资格要求、薪酬的其他部分,以便根据公务员预算法(见《国家预算部门薪酬及条例修正》),计算公立高等学校每类工作岗位的月平均薪酬不低于以下岗位月薪百分比金额:

(1a)教授职位为 391.8%。

(1b)副教授、助理教授和高级讲师、高级策展人、文件记录员、文件托管员、文件认证员、科研助理等职位为 262.1%。

(1c)助理教授、讲师、教师、导师、图书管理员助理、文件管理员助理职位为 130.6%。

(1d)非学术员工职位为 130.6%,同时注意高等学校员工薪酬中个人等级由校长决定。

(2)学术员工薪酬按月发放,注意若员工雇佣关系终止,则薪酬发放截止到员工离职前的最后 1 个月。

(3)考虑到高等学校现有的职位和学术传统,需要列出非学术员工的职位及其聘用要求。

(4)学术员工无法获得职位津贴的情况包括未行使职能的时期。

(5)雇佣期和其他时期所给予长期就业津贴的情况中,需要注意下列事项:

(5a)雇佣期结束。

(5b)其他法律中规定的雇员享有权利的时段。

(5c)助手上岗的预备时期,根据有关法律规定及高等学校对该类预备时期的规定决定。

(5d)员工依法外派出国进行科研、教学或培训期间。

(6)工资以时计算,其他补贴按月计算,与学术员工和非学术员工个人职位等级挂钩。

(7)计算工作时长和确认工作时间的方法,包括请假后的指定加班,计算该期间应支付的薪酬,需要考虑以下情况:

(7a)学术员工病假或因其他突发事件缺勤期间,时间表规定的义务教学时间为计算教学时间,视为缺勤期间已履行时间表。

(7b)加班时长根据实际工作时间决定。

(7c)高等学校学术员工如出现学年中途上岗、长期疾病缺勤、无薪休假或其他假期、兵役、产检或在学年结束前终止雇佣关系等情况,没有教学时间表,则其教学时间按缺勤期间该职位年教学工作量的三分之一计算,同时需要考虑本法规定的必须完成的工作时间。

2.高等学校校长的薪酬应由高等教育部决定,若为军事高等学校、公共服务高等学校、艺术高等学校、医学高等学校或海事高等学校,则由本法第33条第2款规定的各部门决定。

3.公立高等学校校长、副校长、首席执行官和财务主管的薪酬公开,不属于个人信息保护范围。

4.高等学校员工的薪酬由参议会在学校经费允许的范围内分配。

5.军事高等学校现役军人员工的薪酬及其他福利根据相关兵役法律决定。

6.公共服务高等学校公务员的薪酬及其他福利根据相关服务部门的规定决定。

7.进行本法第130条第4款所述工作时,与该工作有关的薪酬由国家预算以外的资金提供,包括外国机构为该工作提供的资金。

8.若高等学校从本法第94条第1款之外的来源获得用于此方面的基金,则高等学校参议会可以额外分配资金以提高薪酬。此类资金的分配应尊重工会的意见。

第 152 条

1.高等教育部文职雇员的集体劳动合同应由代表高等教育部的雇主制定。若为军事高等学校、公共服务高等学校、艺术高等学校、医学高等学校或海事高等学校的雇员,则由本法第33条第2款规定的各部门制定。

2.集体劳动合同应对本法第151条第1款的事项做出规定。

3.根据本法第151条第1款事项通过的规定,自集体劳动合同或员工奖励条例生效之日起不适用于员工。

第 153 条

1.休假中的学术员工可以获得工作时期所得薪酬。薪酬组成中可变部分应根据休假开始前的12个月的平均工资计算。若员工聘用时间不超过12个月,则平均薪酬按其任职时期计算,需要考虑到休假期间的薪酬利率。

2.高等教育部应依法说明计算休假期间薪酬及未休假薪酬的方法,特别注意,此类工资的数额是依据计算休假期间薪酬的细则决定的。

第 154 条

1.已撤销。

2.已撤销。

3.高等学校员工有权享受长期就业津贴,占每年基本工资的1%。津贴按月发放,自任职第4年起发放。数额不得超过基本工资的20%。

第 155 条

1.学术员工可根据取得的科研、教学或组织成果,或终身成就,获得校长或高等教育部授予的奖励。

2.军事高等学校、公共服务高等学校、艺术高等学校、医学高等学校或海事高等学校学术员工可根据取得的科研、教学或组织成果,或终身成就,按照第 3 款至第 7 款的规定,获得校长或本法第 33 条第 2 款规定的各部门授予的奖励。

3.国家预算基金部级奖励的部分占年度拨款计划金额的 0.05％。这些资金应包括在按本法第 94 条第 3 款的部门管理的国家预算中。

4.公立高等学校由校长授予的奖励金额占学校年度学术员工支出预算的 2％。

5.授予部级奖励的细则及程序由高等教育部与国防部、内政部、文化和国家遗产部、卫生部、海洋经济部商议后依法决定,内容包括:

(1)奖励类型及金额,本法第 151 条第 1 款第 1 项规定的教授最低工资利率。

(2)资格审查程序。

6.获得校长授予奖励的规定及程序由公立高等学校参议会规定。

7.非学术员工可以凭借专业成就获得校长授予的奖励。

8.公立高等学校由校长授予的奖励金额占该机构年度非学术员工支出预算的 1％。校规应说明该类奖励的分配与授予的规定。

第 156 条

1.公立高等学校员工下列任职期满的情况,可以享受长期服务津贴:

(1)任职 20 年,补贴每月薪酬的 75％。

(2)任职 25 年,补贴每月薪酬的 100％。

(3)任职 30 年,补贴每月薪酬的 150％。

(4)任职 35 年,补贴每月薪酬的 200％。

(5)任职 40 年,补贴每月薪酬的 300％。

(6)任职 45 年,补贴每月薪酬的 400％。

2.高等教育部应依法说明享受长期服务津贴的任职时间及其他时间,以及计算该津贴的方法,注意:

(1)对于拥有多个雇佣关系的员工,根据每个雇佣关系决定享受津贴时间。

(2)津贴金额根据员工薪酬定期发放,若要对员工更有利,则在其可享受津贴的同一天发放薪酬。需要考虑薪酬组成及雇佣合同中的其他福利,以便计算休假时期的工资。

(3)员工有资格获得津贴时,应立即支付。

(4)若因达到规定退休年龄或因丧失工作能力导致雇佣关系终止,则津贴应在雇佣关系终止时支付。若不足 12 个月,则在员工签约满 12 个月时发放津贴。

3.根据国家预算部门年度额外奖金的有关规定,公立高等学校员工可以获得年度额外奖金。

第 157 条

1.公立高等学校应设立员工福利基金,将学校年度员工预算中的 6.5％拨给此基金。

2.公立高等学校可以从员工福利基金中抽取 30％,设立员工养老金。

3.根据《社会保障养老金法》[①](1998 年 12 月 17 日颁布实施)第 94 条第 3 款第 1a 项,公立高等学校福利基金分配给每位退休员工该年的金额应是去年最低年度养老金的 10％。

4.本条第 1 款和第 3 款拨出的金额构成公立高等学校的独立基金。

4a.学生和博士生的孩子可以就读本学校的托儿所和幼儿园。

4b.《儿童保育法(5 岁以下儿童)》(2011 年 2 月 4 日颁布实施)第 58 条所述的费用有助于增加员工福利基金。

5.学校福利基金的有关规定适用于本条第 1 款、第 3 款和第 4 款未做规定的任何事项。

第 158 条

本法第 3 部分不适用于执行非军事任务、在高等学校学术单位任学术职位的现役军人。

第 4 部分　学业及学生

第 1 章　学位课程安排

第 159 条

高等学校的学位课程以第 1 阶段、第 2 阶段或长周期教育形式开设。

第 160 条

1.学位课程的组织及课程进度,学生的相关权利与义务在学习条例中规定。

1a.学习条例还应规定优秀学生参加符合其能力的课程的要求及程序,以及获得该课程学分需要遵守的规定。

2.高等学校的学位课程应按学习项目和课程安排开设。

3.支付学位课程学费或其他教育服务费用的条件应在高等学校与学生签订的书面协议中说明。

第 161 条

1.高等学校参议会应至少在学年开始前的 5 个月制定学习条例。

2.学习条例自学年开始、与学生自治会达成协议之日起实施。若高等学校和学生自治会未能在 3 个月内达成一致,则重新进行表决,三分之二的成员同意通过,则生效。

3.军事高等学校或公共服务高等学校学习条例分别在获得国防部或内政部批准后生效并实施。

---

① 本法修订版发布于:2010 年公报,第 40 号第 224 条、第 134 号第 903 条、第 238 号第 1578 条和第 257 号第 1726 条;2011 年公报,第 75 号第 398 条。

4.本条第1款至第3款规定适用于学习条例的修订版。

第 162 条

高等教育部应依法说明高等学校学习条例内容,包括:

1.学年时间。

2.学习课程的要求及规定。

3.使用的评分制度。

4.应考生要求,公开期末考试程序。

5.开除学生的程序。

6.下列要求:

(1)按照个人学习计划及学科课程安排学习。

(2)批准休假。

(3)复学。

(4)转专业或转变学习模式。

(5)参加考试并获得课程学分。

(6)参加期末考试。

(7)毕业。

7.既要充分考虑残疾人特殊需要,又要充分完成教学任务。

第 163 条

1.高等学校学位课程可以以全日制和非全日制两种方式开设。

2.公立高等学校全日制学生人数不可少于非全日制学生。

第 164 条

1.除非校规另做规定,否则高等学校的讲座应公开。

2.根据学习条例有关要求,高等学校课程、测试知识或能力的考试,以及期末考试以外语方式进行。学位课程入学考试也以外语方式进行,结业论文用外语撰写。招收非本国公民的高等学校应为学生开设波兰语课程。

3.作为学位课程组成部分的课程可以运用远程和高科技手段提供教学。

4.高等教育部应依法提供满足本条第3款所述课程需要的设备,旨在保证高等学校能通过远程和高科技手段为学生提供合适的方法学习,保证该类课程在全日制和非全日制课程中的比例合适。

第 164a 条

1.学生完成的课程,以及作为学习项目开设的课程获得的学分受欧洲学分转换体系认可。

2.学生至少获得180欧洲学分才可获得第1阶段教育文凭,至少获得90欧洲学分才可获得第2阶段教育文凭,5年或6年的长周期教育,分别要至少获得300或360欧洲学分才可获得文凭。

3.高等教育部应依法决定取得文凭所需的欧洲学分的数量,需要根据学习领域、学习专业及难度综合考量。

第 165 条

1.学习条例应允许国内高等教育的学术单位或其他机构的学生进行学分转换和认证,包括取得学分转换许可的外国机构。

2.可以参加非本校教育机构课程的学生,包括外国教育机构,其原高等学校应开设转换欧洲学分体系认证学分的课程。

3.高等教育部应依法决定课程学分转换的条件及程序,包括欧洲学分课程。需要确保学生能够继续学业。1 个学期至少学习可以获得 30 欧洲学分的必修课程。

第 166 条

1.取得学位证书的第 1 阶段教育至少包括 6 个学期,取得工程师学位的第 1 阶段教育至少包括 7 个学期。

2.第 1 阶段教育和长周期教育中硕士阶段教育的时间包括学生的实习期。

2a.第 1 阶段、第 2 阶段和长周期教育中硕士阶段课程的消防培训时间包括学生的实习期。

3.高等学校参议会可决定免除学生实习的条件。

4.第 2 阶段教育包括 3 或 4 个学期。

5.长周期教育包括 9 至 12 个学期。

6.非全日制课程可以是 1 或 2 个学期,不超过相应全日制课程的时长。

第 167 条

1.完成学位课程的毕业生获得由高等学校颁发的学历以及学位证,证明已获得相应学位。完成非学位研究生项目或拓展课程的学生获得此类项目或课程的结业证书。

1a.文凭样本由高等学校参议会决定。校长应将文凭样本提交至有关监督部门和高等教育部审核。

2.学位课程结束之日即为期末考试之日。牙医学、兽医学等医药领域学科,期末考试日期和实习结束日期由学习计划决定。

2a.第 1 阶段教育毕业的学生,学生权利保留至该年 9 月 30 日。

3.高等教育部应依法说明:

(1)根据就读职业和专业,第 1 阶段、第 2 阶段和长周期教育毕业的学生应获得的专业和职业学位类型。

(2)颁发文凭的要求及文凭内容,包括非学位研究生课程的联合文凭及证书。需要综合考虑学习周期及学习模式,以及专业和职业学位类型。

(3)学位证的样本需要包含必要信息。

第 168 条

1. 第 1 阶段、第 2 阶段和长周期学位课程可在签订协议的基础上由不同的高等学校联合开设,包括外国和其他学术科研机构。

2. 此类协议应说明联合开设的学位课程的领域及周期。波兰学术单位若是协议签订方,需要获得开设该协议中所述周期教育的授权。

3. 学习本条第 167 条第 3 款、本条第 1 款所述课程的毕业生可获得联合文凭。

第 168a 条

1. 高等学校可在工商企业开设实践类学位课程。

2. 本条第 1 款所述课程的开设方式及组织可在高等学校与工商企业的书面协议中说明。该协议可以明确:

(1)工商企业员工开设的课程,特别是实践类课程。

(2)由工商企业参与设计的课程。

(3)工商企业提供资金开设的课程的方式。

(4)此类课程的学习成果。

(5)进行实践和实习的方法。

第 169 条

1. 学位课程应面向符合高等学校入学要求的人以及下列人士开设:

(1)申请第 1 阶段教育或长周期教育,持有中等教育证书的人士。

(2)申请第 2 阶段教育,持有学士、硕士、工程师或同等学力且满足本条第 1 项条件的人士。

2. 高等学校参议会应说明包括特殊专业网上录取在内的入学要求及入学程序。参议会有关下一学年的决策发布时间不得晚于当前学年的 5 月 31 日,并提交给高等教育部。若为新开设的高等学校或在新领域开设学位课程,则高等学校参议会应通过有关决策并提交给高等教育及有关监督部门,且立即向公众公布。

3. 中等教育考试结果影响第 1 阶段和长周期教育的入学。依据本条第 2 款所述程序,高等学校参议会应说明中等教育考试成绩成为录取学习学位课程的基本条件。

4. 若指定专业的学位课程不属于中等教育考试范畴,则需要评估艺术天赋、身体状态、其他素质,若持有的是外国中等教育证书,则高等学校可以额外开设入学考试。此类考试不包括中等教育考试范围内的考试。

5. 本条第 4 款所述的情况,入学要求及入学程序需要结合残疾人的特殊要求决定。

6. 凡是因课程因素影响中等教育入学考试的情况,参议会可通过决议,根据第 2 款程序重新进行入学考试。

7. 中等教育考试及其结果的有关细则适用于颁发中等教育证书的中等教育考试[见《教育体制法》(1991 年 9 月 7 日颁布实施)第 93 条第 3 款]和国际中等教育考试。参加国际中等教育考试的人获得国际文凭组织(总部设在瑞士日内瓦)颁发的国际教育文凭。

8. 国家知识竞赛的入围者及获奖者，其进入公立高等学校学习学位课程学习的细则由高等学校参议会制定，学习时限至少 3 年。

9. 参议会可就国际及国家知识竞赛的入围者及获奖者制定详细的入学规则，包括由相关高等学校组织的竞赛。

10. 学生的入学事宜由入学委员会负责，入学委员会成员由学术单位领导人或依校规指明的领导集体指派。入学委员会决定学位课程入学事宜。

11. 未制定入学要求不得任命入学委员会。在此情况下，入学事宜由校规中指明的学术单位领导人或其他领导集体决定。

12. 若对入学委员会的决定存在异议，可在收到通知后的 14 天内，依据校规的程序，向学校入学委员会申诉。

13. 若对校规中指明的学术单位领导人或其他领导集体的决议存在异议，可在收到通知后的 14 天内向校长申诉。

14. 只能就违反本条第 2 款所述的入学要求或程序提出申诉。

15. 依本条第 12 款提出的申诉，由学校入学委员会进行考量；若是按本条第 13 款提出的申诉，则由学校校长进行考量。考量后的决议作为最终决议。

16. 招生过程的结果应公示。

17. 军事高等学校和公共服务高等学校的入学要求和入学程序，适用于想要成为职业军人或公务员的候选人。由参议会向国防部或内政部申请决定。

第 170 条

录取入学和宣誓后，高等学校校规应说明，被录取的人享受学生权利。

第 170a 条

1. 公立高等学校的全日制学生可以免费参加获得欧洲学分的课程。

2. 本条第 1 款所述的参加不超过 30 欧洲学分课程的学士可以免费学习本条第 164a 条所述的欧洲学分转换体系外的课程，但有个人学习计划的学生，参加不超过 90 欧洲学分的课程可以免费学习。

3. 公立高等学校指定领域学位课程毕业的学生可以免费学习公立高等学校另一专业领域的学位课程。

4. 在不影响本法第 174 条第 4 款规定的前提下，达到本法第 181 条第 1 款所述标准才可免费学习下一年的学位课程。

5. 根据协议以及参议会的相关规定，若学生在第 1 年的学习中未能达到本法第 181 条第 1 款所述的标准，则需要支付第 1 年课程的费用。

6. 本条第 3 款、第 4 款所述学生免费学习的课程，只能重复获得 1 次欧洲学分。

7. 本条第 3 款所述的权利仅生效 1 次。

8. 取得高等学校学术单位领导集体有关意见后，学生可向校长申请免费学习课程。

9.学习高等学校全日制学位课程的候选人需要提交满足相应标准的说明,以免费学习课程或继续学习课程。

10.高等教育部应依法说明,学生为免费学习课程或继续学习课程所提交的满足相应标准的说明模板,需要考虑到欧洲学分转换体系的范围及转换规则,以及继续学习公立高等学校第2阶段教育全日制学位课程的条件。

第 170b 条

1.艺术类的全日制学位教育课程,由于其特殊性及学习难度,需要学生掌握第1阶段教育毕业所需的知识和技能。第2阶段教育全日制学生可以免费学习公立高等学校在另一领域内开设的学位课程。

2.文化和国家遗产部与高等教育部商议后,应依法说明艺术类有关学术课程的目录,此类课程也可以以全日制形式免费提供,但需要考虑到艺术的发展及艺术专业类学科的综合教育要求。

第 170c 条

1.高等教育部应保存全国学生的登记册,军事高等学校正在服兵役的学生除外。

2.全国学生登记册应包括每位学生的下列信息:

(1)姓名。

(2)个人身份证号,若没有此编号,则注明官方证明文件的编号。

(3)学生获得的所学专业课程学分,转换为欧洲学分后的总学分。

(4)学生免费学习公立高等学校全日制学位课程所得学分,转换为欧洲学分后的总学分。

(5)在不影响学生参加另一领域全日制学位课程和行使本法第170a条第1款所述权利的情况下,学生免费学习公立高等学校全日制学位课程所得学分,转换为欧洲学分后的学总分。

(6)公立或私立高等学校的财政支持类型。

3.全国学生登记册中的信息查阅方法向本法第33条第2款中所述的各部门、各高等学校校长、理事会和委员会公开。

4.高等教育部应依法决定:

(1)本条第2款所述信息的详细范围。

(2)高等学校提交数据的截止日期,同时需要确保免除的学费能够获得财政支持。

第 2 章　学生的权利和义务

第 171 条

1.已撤销。

2.学生可以按照校规中指明的学术单位董事会或其他领导集体的要求,制定个性化学习方案及课程学习。

3.若学生达到了原高等学校规定的所有要求,取得转入高等学校学术单位领导人的批准后,可以向另一所高等学校转学,包括外国高等学校。批准以决议方式下达。

第 172 条

1.根据学习条例的规则和程序,高等学校学生可以请假。

2.请假期间,除非学习条例或财政支持规定另做要求,否则保留其学生权利。

第 173 条

1.学生有权申请下列国家预算财政补助:

(1)助学金。

(2)残疾人特殊补助金。

(3)校长颁发给优秀学生的奖学金。

(4)各部门颁发的学术成就奖学金。

(5)各部门颁发的杰出体育成就奖学金。

(6)已撤销。

(7)已撤销。

(8)救济补助金。

2.学生有权申请在所在高等学校的宿舍居住,在高等学校食堂就餐。

3.学生有权为其配偶和子女申请在所在高等学校的宿舍居住。

第 173a 条

1.地方政府机关可以给予学生财政资助。

2.地方政府机关应通过决议决定:

(1)财政资助类型。

(2)提交申请的方式及截止日期。

(3)选择符合财政资助的学生的方式。

(4)学生可以申请的最大财政资助金额。

第 173b 条

1.学生的学术成就奖金由自然人、不属于国家或地方政府机关管理的法人团体授予。

2.获得本条第1款所述奖学金的规则由高等教育部与理事会商议后决定。

3.军事高等学校、公共服务高等学校、艺术高等学校、医学高等学校和海事高等学校的学生获得本条第1款所述奖学金的规则由高等教育部与各部门理事会商议后决定。

第 174 条

1.本法第173条第1款第1项至第3项、第6项至第8项的资助从为学生设立的财政支持资金中拨款。

2.本法第94条第1款第7项和第4款所述的资助由校长与学校学生自治委员会和博士学生自治委员会协商分配。

3. 新成立的高等学校的财政资助基金由校长在 1 年内分配。

4. 授予优秀学生的校长奖学金金额不超过高等学校为每个专业领域分配的总金额的 10％,最多占校长分配给优秀学生及救济补助、财政支持金额的 40％。

第 175 条

1. 高等学校设有学术单位,学生可以向学术单位领导人申请本法第 173 条第 1 款第 1 项、第 2 项、第 8 项的补助。

2. 优秀学生可以向校长申请为优秀学生授予的校长奖学金。

3. 补助通知下发后的 14 天内,学生可以向校长就助学金、残疾人特殊补助及学术单位领导人的财政补助提出申诉。学生有权要求校长重新考虑优秀学生奖学金事宜。

4. 学生自治会可以向学术单位的领导人或校长申请,将授予助学金、残疾人特殊补助、财政补助和校长颁发的优秀学生奖金的职权分别下放至补助委员会或上诉委员会。

第 176 条

1. 未设学术单位的高等学校,学生可向校长申请本法第 173 条第 1 款第 1 项至第 3 项、第 8 项所述的资金。

2. 补助通知下发后的 14 天内,若对校长的决议存在异议,学生可以向校长申请重新考虑有关事宜。

3. 学生自治会的领导集体可以向校长申请将授予本条第 1 款所述补助职权下放至补助委员会。若出现本条第 2 款所述重新决议情况,则下放至上诉委员会。

第 177 条

1. 补助委员会和上诉委员会由学术单位领导人任命或由校长从学生自治会成员及高等学校员工中提名。

2. 补助委员会和上诉委员会由校长从学生自治会提名的人选和高等学校员工中任命。

3. 本条第 1 款、第 2 款所述的委员会的成员中学生应占大多数。

4. 补助委员会和上诉委员会所做的决议需要有委员会主席或代表签字。

5. 补助委员会和上诉委员会分别受学术单位领导人或校长监督。本法第 176 条第 3 款所述的委员会受校长监督。

6. 行使监督权的过程中,若存在违反本法规定或本法第 186 条第 1 款要求的情况,则学术单位领导人或校长可以分别撤销补助委员会或上诉委员会的决定。

第 178 条

1. 部门颁发的学术成就或优秀体育成就奖学金可以由学术单位董事会向高等教育部申请颁发。未设有学术单位的高等学校或高等职业学校,则由校长提交至学校参议会,由参议会向高等教育部申请颁发。

2. 高等教育部的职权,在处理军事高等学校、公共服务高等学校、艺术高等学校、医学高等学校和海事高等学校事宜时,由本法第 33 款第 2 条中所述的各部门行使。

第 179 条

1. 可以授予条件困难的学生助学金。

2. 校长与学生自治会商议后，决定可以申请助学金的学生家庭人均收入水平。

3. 本条第 2 款所述收入不得低于《社会福利法》（2004 年 3 月 12 日颁布实施①）第 8 条第 1 款第 2 项所述金额的 1.3 倍，不得高于《家庭福利法》（2003 年 11 月 28 日颁布实施②）第 5 条第 1 款、第 6 条第 2 款第 3 项所述的总金额。

4. 计算学生申请助学金的收入水平时，应包括以下人员的收入：

（1）学生。

（2）学生配偶以及学生或配偶的未成年子女，26 岁以下接受教育的子女，或年满 26 岁但未结束学位课程学习的子女（则到其课程结束为止）；残疾学生不受年龄限制。

（3）学生的父母、法定或实际监护人及其未成年子女，26 岁以下接受教育的子女，或年满 26 岁但未结束学位课程学习的子女（则到其课程结束为止）；残疾学生不受年龄限制。

5. 考虑到本条第 4 款情况，申请助学金学生的家庭月平均收入金额根据《家庭福利法》（2003 年 11 月 28 日颁布实施）计算，不包括以下各项：

（1）学生经济独立，则按本条第 4 款第 3 项收入计算。

（2）根据本法规定，学生的财政补助。

（3）小学生、大学生（不含博士生）和博士生获得的奖学金：

（3a）欧盟结构基金。

（3b）欧盟自由贸易协定成员国提供的不可撤销的资金。

（3c）国际协定及相关执行项目、国际奖学金项目。

（4）《学校教育体系》（1991 年 9 月 7 日法令）规定的提供给小学生的财政补助。

（5）本法第 173a 条、第 173b 条、第 199 条、第 200 条第 1 款所述的福利。

6. 若学生本人或其配偶达到以下所有条件，则视为经济独立：

（1）上一纳税年度有固定收入。

（2）当年有固定收入。

（3）本条第 6 款第 1 项、第 2 项所述时期月收入不低于《家庭福利法》（2003 年 11 月 28 日颁布实施）第 5 条第 1 款和第 6 条第 2 款第 3 项所述的总金额的 1.3 倍。

（4）未能提交至少和 1 位家长联合制作的家庭成员声明。

---

① 本法修订版发布于：2009 年公报，第 202 号第 219 条、第 219 号第 1706 条、第 221 号第 1738 条；2010 年公报，第 28 号第 146 条、第 40 号第 229 条、第 81 号第 527 条、第 125 号第 842 条和 217 号第 1427 条；2011 年公报，第 81 号第 440 条。

② 本法修订版发表于：2006 年公报，第 222 号第 1630 条；2007 年公报，第 64 号第 427 条、第 105 号第 720 条、第 109 号第 747 条、第 192 号第 1378 条和第 200 号第 1446 条；2008 年公报，第 70 号第 416 条、第 138 号第 872 条和第 875 条、第 223 号第 1456 条和第 237 号第 1654 条；2009 年公报，第 97 号第 800 条和第 219 号第 1706 条；2010 年公报，第 50 号第 301 条。

7.若申请助学金学生的收入来源于农业,则根据可耕地面积及单位面积个体农业的收入来计算。计算方法见《农业税法》(1984年12月15日颁布实施[①])第18条。若收入来自农业和非农业活动,则应合起来计算。

8.根据本法第177条,合理情况下,学术单位领导人、补助委员会或上诉委员会可以要求负责计算收入的社会福利单位出示有关意见,需要综合考虑家庭及学生的物质条件。

第180条

持有权威机关颁发的残疾证明的学生可以获得残疾专项补助。

第181条

1.学年平均成绩高或取得卓越学术或艺术成就的学生,或在国际或国家体育比赛中取得好名次的学生可以被授予优秀学生校长奖学金。

2.学术表现卓越、科研成果突出的学生可以被授予部门优秀学生奖学金。在国际或国家体育比赛中取得好名次,并成功完成1学年学业的学生可以被授予部门杰出体育成就奖学金。

3.学生完成第1学年的学习,且成绩优良,可以申请本条第1款和第2款所述奖学金。

4.若在完成第1阶段教育课程的1年内,且在第1阶段教育最后1学年分别满足本条第1款和第2款要求,则学习第2阶段教育课程第1学年的学生也可以申请优秀学生校长奖学金或部门优秀学生奖学金。

5.已撤销。

6.学生可以同时获得优秀学生校长奖学金和学术成果部门奖学金。此类奖学金不影响学生获得财政补助或地方政府机关、雇主或欧盟机构基金颁发的补助。

第182条

1.若居住地到高等学校的路程妨碍了学习,对于条件困难的全日制学生,可以提高其学生宿舍或其他建筑的维护费。

2.与失业配偶或子女共同居住在学生宿舍或其他建筑的全日制学生也可以按照本条第1款所述的情况处理。

第183条

1.由于个人不可控原因导致暂时条件困难的学生可以授予补助金。

2.学生每学年可以获得两次本条第1款所述的补助。

---

① 本法修订版发布于:2006年公报,第191号第1412条、第245号第1775条、第249号第1825条;2007年第109号第747条;2008年公报,第116号第730条、第237号第1655条;2009年公报,第56号第458条和2010年公报,第96号第620条、第226号第1475条。

第 184 条

1.学生每学年可以至多获得 10 个月的补助与奖学金,若该学年只有 1 个学期,则至多获得 5 个月的补助与奖学金。

2.本法第 173 条第 1 款的第 1 项、第 3 项所述的补助与奖学金可以在学年或学期中发放,但本法第 173 条第 1 款至第 4 款所述的部门奖学金则在学年中发放。学习计划中最后 1 学年只包含 1 学期的情况除外。

3.本法第 173 条所述补助和奖学金按月发放。

4.同时在多个领域学习学位课程的学生可以获得助学金、残疾人特殊补助、救济补助。学生只能在一个学术领域的优秀学生校长奖学金和学术成果部门奖学金中选择一种。

5.完成一个领域的学位课程后继续在另一领域学习学位课程的学生无法获得本法第 173 条所述补助。除非完成第 1 阶段教育课程后,未获得硕士学位或同等学位而继续下一阶段的学习,且学习时间不超过 3 年。

6.本法第 173 条第 1 款第 1 至第 3 项所述的补助和奖学金的月总额不得超过助教最低基本工资的 90%。助教最低工资见学术员工薪酬的有关规定。

7.学生应提交声明,证明自己只在一个学术领域学习且已获得财政补助。

第 185 条

1.公立高等学校办理学生宿舍住宿时,居住地来往妨碍学习的学生及条件困难的学生优先。

2.学生食堂就餐时,本条第 1 款所述学生优先。

第 186 条

1.校长与学生自治会商议后,决定计算、授予、支付财政补助的详细事宜,包括授予此类补助需要达到的标准及程序,助学金的申请模板,证明自己只在一个学术领域学习且已获得财政补助的声明模板以及评估学生物质条件的方法。

2.新设立的高等学校,本条第 1 款所述的规定由校长在 1 年内制定。

第 187 条

高等教育部应依法说明,部门奖学金颁发的详细要求、授予程序、支付事宜、此类奖金的最大金额以及申请模板,包括:

1.申请部门奖学金需要达到的最低平均分数,需要考虑到高等学校中所有学年获得的分数及不同年级的教育体制。

2.可获得部门奖学金的科研成果及活动类型,例如参加特殊兴趣小组、发表学习成果和文章、参加会议、科研工作、科研合作项目、与其他学术机构或科研机构合作、参加第二个学习领域课程或个性化课程获得的奖项和荣誉、进行实践项目、实习、获得外语证书、参加知识竞赛。

3.获得部门杰出体育成就奖学金的运动成就类型,包括参加奥运会、世界锦标赛、欧洲锦标赛、国际学生奥林匹克运动会、世界和欧洲学生运动会。

4.提交申请的截止日期。

5.部门奖学金的支付方法,包括提前结束学位课程或学习另一所高等学校的学位课程的情况。

第 187a 条

科研部的"钻石格兰特"项目中,第 1 阶段教育及工程学位教育的优秀毕业生以及完成长周期教育第 3 学年课程的学生,可以以竞争方式获得国家预算拨给科研部门的基金进行科研。人数不超过 110 人。

第 188 条

1.学生有权减免 50% 的公共交通费用。完成第 1 阶段教育的学生可享受此权利至该年的 9 月 30 日。

1a.地方政府机关可以决定为博士生减免公共交通费用。

2.减免公交费用的事宜分别在有关规定中说明。

第 188a 条

1.学术教材费用从由高等教育部管理的国家预算的部分中扣除。

2.若预算法案为学术教材提供补助,则高等教育部与公共财政部商议后应依法规定此类津贴的金额、详细的使用方法及程序,还应便于学生获取学习材料。

第 189 条

1.学生需要按照宣誓内容及学习条例要求行事。

2.具体要求学生:

(1)根据学习条例要求参加课程和学校活动。

(2)根据学习条例要求参加考试,参加实践活动,完成其他要求。

(3)遵守高等学校的现行规章制度。

第 190 条

1.若学生出现以下情况,学术单位领导人必须将其从学生登记册中除名:

(1)未参加课程学习。

(2)不再学习该类课程。

(3)未提交学位论文或在规定时间内未参加期末考试。

(4)受过高等学校开除处分。

2.若学生出现以下情况,学术单位领导人可以将其从学生登记册中除名:

(1)学习方面未取得任何进步。

(2)未能在规定时间内顺利完成学期或学年课程。

(3)未付学费。

3.校长可以对本条第 1 款和第 2 款决议提出异议。校长意见为定论。

第 191 条

根据高等学校校规,第 2 阶段或长周期课程最后 1 年的学生需要进行实习,承担学术员工的教学任务,并获得学校自有基金设立的奖学金。

第 191a 条

1.由欧盟成员国、经济合作发展组织成员国或欧洲自由贸易协定成员国——欧洲经济区的签订方成员国教育体制内的高等学校颁发的毕业文凭,证明从以下课程毕业:

(1)为期 3 年的长周期教育或为期 3 年的第 1 阶段教育——证明从波兰境内开设的第 1 阶段教育毕业。

(2)第 2 阶段教育——证明从波兰境内开设的第 2 阶段教育课程毕业。

(3)为期至少 4 年的长周期教育——若此类毕业文凭在其原籍国家视为第 2 阶段教育同等学力证明,证明从第 2 阶段学位课程毕业。

2.本条第 1 款所述的规定适用于欧盟成员国、经济合作发展组织成员国、欧洲自由贸易协定——欧洲经济区的签订方成员国教育体制内的由高等学校共同开设的学位课程教育项目。

3.凭借另一国家的学位课程毕业证书可以在该国继续学习或用于博士评估,凭借此类文凭还可继续以下课程的学习:

(1)波兰高等学校、波兰科学院的科研院所,或研究机构第 2 阶段学位课程或非学位研究生教育课程。

(2)波兰高等学校的第 3 阶段学位课程、科研单位的博士生课程,或参加波兰高等学校或科研单位的博士评估。

4.凭借外国高等学校联合开设的学位课程的毕业文凭可以继续学习或参加与该课程有关的国家中至少 1 个国家的博士评估,凭借该类毕业文凭还可以继续学习以下课程:

(1)波兰高等学校、波兰科学院科研院所,或研究机构第 2 阶段学位课程或非学位研究生教育课程。

(2)波兰高等学校的第 3 阶段学位课程、科研单位的博士生课程,或参加波兰高等学校或科研单位的博士评估。

5.凭借另一国家学位课程的毕业文凭无法在波兰境内享受本条第 1 款至第 4 款的权利,除非:

(1)开设相关学位课程的机构:

(1a)颁发毕业文凭之日,有关机构仍未受认证或该机构所提供的学位课程未能在所属国家法律范围内得到认证。

(1b)在任何国家的高等教育体制内没有开设。

(2)有关学位课程部分或全部违反该国的有关开设要求。

6.对于毕业文凭性质或另一国家开设的高等学校地位的有关问题,利害关系人可以向高等教育部申请有关意见或出具有关证明。《行政程序法》(1960 年 6 月 14 日颁布实施)可适用于本法第 217 条第 3 款,时限为 21 天。

7.根据签订的国际同等学力协议,外国颁发的学位课程毕业证书或学术学衔与波兰毕业文凭及学术学衔具有同等效力。若未签订此类协议,则通过资格认证程序认证。

8.高等教育部应依法决定:

(1)资格认证程序。

(2)负责资格认证的机构。

(3)完成学位课程后,申请毕业文凭认证需要提交的文件类型。

(4)进行资格认证所需的时间。

(5)资格认证的费用,包括可能存在的减免与税额,以及支付方法。

(6)资格认证完成后颁发证明的模板,同时需要确保认证过程的高效透明。

9.通过资格认证或根据有关协议获得的毕业证书和学术学衔与波兰学位、学术学衔具有同等学力的学生,可以使用相应的波兰学位或波兰学术学衔。

10.欧盟成员国专业资格和职业资格的认证规定单独立法确定。

第 192 条

1.高等教育部应依法说明制作学习记录及其修正、制作副本的方法,国外法律事务有效文件的使用方法,以及上述项目的收费金额及收费方式。完成学位课程后,颁发学习记录、学生证、毕业文凭以及其他证明文件,内容包括:

(1)学生个人档案的保存方式。

(2)学生登记册和毕业文凭的保存方式。

(3)学生学习记录和学生证的模板。

(4)保存学习记录需要承担的责任及方式。

(5)制作、印发文件副本的方式。

(6)高等学校保管发布的文件进行修正需要遵守的规定,以及修改学生或毕业生个人资料需要遵守的规定。

(7)取得有效文件的程序及方式。

(8)保存、发布该文件的方式。

(9)出具有效文件、颁发毕业文凭及外文副本、开具证明、颁发学习记录册、学生证以及复印此类文件的费用。

(10)高等学校进行清算时学习记录存档、签发毕业有关证明文件的规则和方式。同时需要确保正确记录学生学习进度,对教学过程进行监督。

第 192a 条

高等学校进行清算时,清算人应将学习记录的所有文件提交至地方档案局。存储文件的费用从高等学校资产中扣除。

第 193 条

如在候选人工作过程中以不恰当方式部分或全部使用了别人的著作或科研成果，则主管机构宣布其学位无效。

第 194 条

本法第 172 条至第 187 条、第 191 条不适用于正在服兵役的学生或兵役候选人，或公共服务官员。

第 3 章 博士生课程

第 195 条

1.高等学校学术单位，若在至少 2 个以上的科学领域内设博士点，则可以开设相应学科的博士生课程。

2.高等学校学术单位可和科研单位开设伙伴关系博士生课程。每个学术单位的任务及博士生课程的经费事宜在有关机构签订的协议中说明。

3.本法第 164 条规定适用于高等学校学术单位和科研单位开设的博士生课程及学习该课程的学生。

4.博士生课程可以以全日制和非全日制两种方式开设。

5.半数以上的全日制博士生课程需要该单位的建设者出席。课程包括学习课程与科研工作，要求学术员工、研究人员和博士生的直接参与。非全日制博士生课程按同样方式组织设立，以确保员工可以学习博士生课程。

6.根据学术单位董事会和科研单位科研委员会的申请，校长和研究单位的领导可以开设博士生课程。

7.学术单位董事会和科研单位科研委员会对博士生课程进行学术监督。

8.公立高等学校或公立科研单位的全日制博士生课程不收取学费。

9.非全日制博士生课程可收取学费。学费金额不超过该类课程规定的费用，金额由高等学校校长或开设该课程的科研单位主任决定。

10.博士生课程的收费条件由高等学校或科研单位与博士生签订的书面协议决定。

第 196 条

1.博士生课程应向具有硕士学历或同等学力的人开放。

2.以竞争方式获得免费学习博士生课程的权利。高等学校博士生课程的入学要求、入学程序及学习模式由学校参议会和科研单位科研委员会决定。本法第 169 条第 5 款适用于此种情况。有关决议应在学年开始的该年 4 月 30 日制定并公示。

3.博士生招生工作由高等学校学术单位领导人或科研单位主任任命的入学委员会负责。入学委员会决定博士生录取的相关事宜。

4.若对入学委员会所做决议存在异议，可在通知下发的 14 天内向校长或科研单位主任提出申诉。只可就不符合入学要求或不符合博士生课程入学程序提出异议。校长或科研单位主任意见为定论。

5. 入学结果应公示。

6. 博士生学习条例适用于本法未做出规定或单独立法规定的博士生课程组织和进度安排的有关事宜。高等学校校长和科研单位主任应至少在该课程开始前的 5 个月制定学习条例。本法第 161 条和第 162 条适用于该条例通过的事宜。

第 196a 条

参加博士生课程的人员宣誓时即获得攻读博士学位的权利。宣誓内容应在高等学校校规或科研单位规章中说明。

第 197 条

1. 博士生的行为受宣誓内容及学习条例规范约束。本法第 189 条第 2 款适用于此种情况。

2. 除本条第 1 款要求外,博士生应按照博士生课程安排进行科研并做科研报告。

3. 学习高等学校博士生课程者需要参加教学实习或参与教学。博士生每年的最大工作量不得超过 90 学时。

4. 未能完成本条第 1 款和第 2 款要求的博士生将会从博士生登记册中除名。由课程负责人做出除名决议。

5. 若对本条第 4 款所述决议存在异议,学生可以分别向校长或开设课程的科研单位主任提出申诉。校长或科研单位主任意见为定论。

第 198 条

1. 博士生每年的休假时长不超过 8 周。休假时无须履行教学职责。

2. 依据其他法律规定,博士生有权享受社会保障和医疗保险。

3. 获得博士学位后的博士生的课程时长不超过 4 年。课程时长应包括学位持有者为员工服务的时间。

4. 获得博士学位后,若博士生因在科研机构工作而暂停教学工作,则博士生课程时长应包括服务时长。

第 199 条

1. 博士生可以获得以下类型的国家预算财政资助:

(1)助学金。

(2)救济金。

(3)优秀博士生奖学金。

(4)残疾人特别补助金。

(5)部门颁发的杰出成就奖金。

2. 本条第 1 款第 1 项至第 4 项所述的补助,按照校长与博士生自治会的有关规定,从财政资助基金中拨款给学生。

3.若博士生课程由科研单位开设,则第1款第1项至第4项所述的补助,按照科研单位主任与博士生自治会的有关规定从财政资助基金中拨款给博士生。

4.根据本条第5款,从财政资助基金中拨款给学生的有关事宜,除本法第174条第4款外,可适用于第1款第1项至第4项的补助。

5.本条第1款第3项所述的奖学金可以授予:

(1)在第1学年博士生课程中成绩优异的博士生。

(2)在第2学年及之后的博士生课程中,奖学金颁发之前达到下列要求的博士生:

(2a)博士生课程考试成绩优异。

(2b)科研工作、博士论文撰写取得进步。

(2c)在高等学校的博士生课程中保证教学质量。

第 199a 条

根据本法第173a条,给予学生的财政资助可以由当地政府机关提供。

第 199b 条

根据本法第173b条,优秀学业成就奖金可以由非国家或地方政府机构管理的自然人和法人团体颁发给博士生。

第 200 条

1.全日制博士生可获得博士生奖学金。

2.博士生奖学金的最低金额不得低于学术员工薪酬规定中助教的最低基本工资的60%。

3.校长或科研单位主任对博士生奖学金的授予事项做出决定,并说明授予时间及金额。

4.已撤销。

5.高等学校的奖学金应从本法第98条第1款所述的资金中拨款,而科研单位的奖学金则从公共科研基金中拨给学术员工培养的部分中拨款。

第 200a 条

1.根据突出表现资金的有关规定,学业成绩突出、教学成果卓越的博士生,奖学金金额可以增加。增加奖学金金额的程序由校长与博士生自治会商议后决定。每年获得奖学金的博士生不超过总人数的30%。

2.30%的博士生中未获得博士奖学金的人将会获得与奖学金增加金额等同的补助。该补助会包含在博士奖学金中。

第 201 条

1.高等教育部应依法决定开设博士生课程的要求及程序、参加该类课程的有关规定,以及对于优秀博士生提高奖学金金额的有关事宜和增加的最低金额,包括:

（1）课程时长以及任何可能出现的延期情况，包括单独立法规定的因产假导致的延期情况，需要做好适当准备。

（2）开设博士生课程的机构、学术单位董事会和课程领导人的特殊职权，注意确保博士生课程学习的效率及高标准的教育要求。

（3）结合前5年发表的原创性研究的情况，对员工进行学术监督和教学培训。

（4）博士生学生证的模板。

（5）学生证的费用，注意金额不得超过其制作成本。

（6）颁发博士生奖学金的程序与时间。

2.高等教育部依法决定：

（1）博士生课程的开设原则，需要考虑预期学习成果以及所掌握知识的要求；为提高教学技能或专业技能开设的选修课，需要达到的最少学时及欧洲转换学分。

（2）实习时长，包括高等学校开设的博士生课程涉及的教学实习、个人博士阶段的学习模式，需要保证教育高质量的标准，以获得第3阶段教育资格。

第4章　学生自治会和其他学生组织

第 202 条

1.高等学校录取的第1阶段、第2阶段和长周期教育的学生应建立学生自治会。

2.学生自治会是高等学校学生群体的唯一代表。

3.学生自治会按照本法及学生自治会立法机构确定的规章运营，立法机构确定的规章说明自治会的组织及运作程序，包括领导集体和领导人任命方法及其职权。学生自治会按照高等学校校规行事。

4.学生自治会的章程，经高等学校参议会核实后，若符合本法及校规要求，即可生效。新成立高等学校的学生自治会章程的第1版由第203条第4款所述机构向学校参议会申请通过。

5.学生自治会负责高等学校学生的有关事宜，包括学生福利问题及文化活动。

5a.高等学校学生自治会应发扬道德风尚和提高学生道德水平。

6.学生自治会应决定高等学校学生补助的分配问题。学生自治会应向高等学校权力机关提交补助分配报告以及财务报表，每学年至少提交1次。

7.若学生自治会所做决议违反法律、高等学校校规、自治会的学习条例，则校长可以撤销该决议。

8.高等学校为学生自治会运营提供资金。

第 203 条

1.高等学校内运营的学生自治会的代表应设立波兰学生代表大会，以下称"学生代表大会"，代表波兰的学生群体。

2.学生代表大会有权就学生问题发表意见和提出建议，包括商议与学生有关的规章制度。立法草案应由高等教育部提交至学生代表大会。学生代表大会应在法案提交后的 1 个月内提出意见。

3.学生代表大会的最高权力机构为各高校学生自治会代表会议,以下称"代表大会"。

4.学生代表大会的组织安排及运行程序,包括领导集体和领导人的职权及任命方法,都应依据校规,通过代表大会决定。校规在高等教育部批准通过后生效。

5.第 4 款规定适用于学生代表大会章程的修订版。

6.已撤销。

第 203a 条

1.学生代表大会具有法人资格。

2.不影响本法的前提下,《协会法》第 10 条第 1 款和第 2 款、第 11 条、第 25 条、第 29 条、第 33 条至第 35 条可适用于学生代表大会。

3.学生代表大会受高等教育部监督。

4.学生代表大会运营所需资金,由高等教育部提供。

第 204 条

1.依据本法要求,学生有权在高等学校内参加学生组织,特别是特殊兴趣小组、艺术团体和体育俱乐部。

2.高等学校学生组织以及特别安排学生组织的协会,或学生和学术员工有权向高等学校权力机关或学生自治会就学生的有关事务提出建议。

3.高等学校权力机关可向学生组织和协会分配资金。有关机构应每学期至少 1 次向高等学校权力机关提交财务报表,说明资金用途。

第 205 条

1.高等学校学生组织需要注册,按《协会法》(1989 年 4 月 7 日颁布实施)法案建立的学生组织除外。高等学校学生组织的注册必须公示。

2.校长负责学生组织在高等学校的注册及维持事宜。高等教育部可以对校长在注册方面的决策提出异议。

3.高等学校学生组织的注册事宜按照法律(内部规定、声明)及校规规定完成。

4.若高等学校的学生组织违反法律、校规或自身的章程(内部规定、声明),则校长可以撤销成立该组织的任何决议。

5.若学生组织的活动严重或持续违反法律、校规或自身的章程(内部规定、声明),则校长可向高等学校参议会申请解散该学生组织。

第 206 条

1.学生自治会、学生代表大会或仅代表学生的国家级协会,以下称"协会",在不违反高等学校校规的前提下,可以举行抗议活动,以满足某些具有争议并对学生利益至关重要的需求。

2.举行抗议活动并决定活动性质及范围的决策以绝对多数票投票方式决定,由学生自治会或协会权力机构根据抗议内容投票决定。该权力机构最迟应在抗议活动开始的前3天向校长或学术单位领导人报告。

3.出现学生罢课,即拒绝参加课程并拒绝学习等情况时,只有与校长的事先协商或除罢课以外的其他抗议活动未能解决冲突时,才需要学生自治会或协会出面调停。

4.罢课或任何其他抗议活动已经按本法要求开始后,自愿参加罢课或其他抗议活动的行为,不违反学生的职责。

5.组织罢课或其他抗议活动,应确保该类活动对人身健康或生命不造成威胁,或对高等学校或其他人的财产不构成威胁,而且不侵犯学校员工或未参加活动学生的权利。

6.本条第1款至第5款所述的规定不适用于军事高等学校和公共服务高等学校。

第 207 条

1.本法第169条第10款和第11款、第196条第3款所述的决定,高等学校领导集体、博士生课程领导人或科研单位主任就个别学生、监督学生组织、学生自治会和博士生自治会的有关事宜做出的决策,受《行政程序法》(1960年6月14日颁布实施)以及行政法庭上诉要求的约束。

2.校长第一时间通过的决策为定论。《行政程序法》(1960年6月14日颁布实施)第127条第3款适用于此类情况。

3.高等学校校长负责重责取消学位或毕业文凭事宜并负新颁发学位或毕业文凭事宜。

4.本条第1款所述的规定同样适用于补助委员会和上诉委员会所做的决定。

第5章 博士生自治会和其他博士生组织

第 208 条

1.在高等学校学习博士生课程的博士生应设立博士生自治会。

1a.博士生自治会应发扬道德风尚和提高博士生道德水平。

2.本法第202条第2款至第8款、第206条和第207条所述的规定可适用于博士生自治会。

第 209 条

1.高等学校和科研单位的博士生自治会代表应设立博士生国家代表。

2.博士生国家代表具有法人资格。

3.博士生国家代表有权就博士生群体事宜表达看法、提出意见,包括商议与博士生有关的规章制度。立法草案由高等教育部提交至博士生国家代表。博士生国家代表应在草案提交后1个月内提出意见。

4.博士生国家代表的最高权力机关是代表大会。

5.本法第203条第4款和第5款、第203a条第2款的规定适用于博士生国家代表。

6.博士生国家代表行使职能所需的资金由高等教育部提供。

第 210 条

1.按照本法规定,博士生有权参加高等学校的博士生组织,特别是特殊兴趣小组、艺术团体和体育俱乐部。

2.本法第 204 条第 2 款和第 3 款、第 205 条至第 207 条所述的规定可适用于高等学校的博士生组织以及特别安排博士生组成的协会或学校的员工。

第 6 章　学生的惩戒责任

第 211 条

1.违反高等学校现行规定或行为视为违反道德标准的学生,应由纪律委员会或学生自治会的纪律小组进行纪律处分。

2.学生的同一行为,不得接受学生纪律小组和纪律委员会的二次处分。

第 212 条

纪律处分包括:

1.警告。

2.训斥。

3.警告训斥。

4.暂停学生某些权利,时间不超过 1 年。

5.开除。

第 213 条

1.学生违纪事件由纪律委员会和纪律上诉委员会决定。这两个委员会成员的任期依据校规由高等学校的学术员工和学生确定。

2.委员会成员的任期在校规中说明。

3.纪律委员会独立裁决。

4.纪律委员会独立裁决法律事实,不受其他管理机构的限制,具有诉讼裁决权的法院除外。

5.纪律委员会成员包括主席、数量相当的学术员工和学生。主席应是学术员工。

第 214 条

1.校长自己或在学生自治会的申请下,按照自治会的条例,可以将事件移交给学生纪律小组而非纪律监察员处理。学生纪律小组不得施以本法第 212 条第 4 款和第 5 款所述的处分。

2.对于轻微违纪现象,校长无须通过纪律委员会或学生纪律小组,可以在了解受处分人或其法律代表情况后给予学生警告处分。

3.被校长或学生自治会给予警告处分的学生,可向纪律委员会或学生纪律小组申诉。应在处分下达后的 14 天内提起申诉。若发生此类情况,则纪律委员会和学生纪律小组只可给予警告处分。

4.若学生涉嫌侵犯他人著作权或使用他人学术成果,则校长应下令立即调查。

5.若怀疑学生触犯法律且理由充分,则校长下令初步调查时可暂时撤销该生权利,以待纪律委员会做出处分判决。

6.若初步调查过程中证实存在本条第 4 款的情况,校长应停止授予学生学位,等待纪律委员会的处分下达,也应将正式获罪通知书提交至纪律委员会。

第 215 条

1.初步调查由管理学生的检察官进行。检察官由校长从高等学校学术员工中任命,任期与学校机关人员任期相同。

2.校长可以任命 1 个以上的纪律监察员,负责管理学生事务。

3.管理学生事务的纪律监察员在纪律委员会设立前作为检察官行使职责,受校长命令约束。

第 216 条

1.管理学生事务的纪律监察员在校长指导下开展调查,向校长报告初步调查结果。

2.初步调查结束后,纪律监察员可以停止诉讼或向纪律委员会申请下达处分。纪律监察员也可以向校长申请下达处分或移交给学生纪律小组处理。

3.管理学生事务的纪律监察员可以终止调查,但需要校长同意。若校长未批准终止调查,校长可以指派新的管理学生事务的纪律监察员提交关于学生处分的请求。新管理学生事务的纪律监察员关于调查的决定为定论。

第 217 条

1.处分程序由管理学生事务的纪律监察员向纪律委员会申请发起。

2.学生若由于刑事问题或过失引起诉讼,则不影响纪律委员会提出的诉讼程序。

3.校长责令的处分时长不得超过 6 个月,纪律委员会责令的处分时长不得超过 3 年。若行为构成法律犯罪,则处分时长不得少于诉讼时长。

4.裁决的时效期从学生离开高等学校之日算起,时长为 1 年。

5.时效期不适用于被指控抄袭而受到处分的学生。

6.出具有效裁决的处分程序,若发生下列情况,则可复议:

(1)处分过程中纪律委员会出现严重违法行为,可能会影响判决结果。

(2)裁决时出现新的事件或证据,证明被裁决人无过,诉讼过程被另一行为或纪律委员会中断。

(3)裁决时出现侵权行为,阻碍受处分人辩护权行使的情况;或纪律委员会成员构成不符合本法第 213 条第 5 款要求,或纪律委员会的相关成员未参与处分过程。

7.可以由受处分人或管理学生事务的纪律监察员,在重新裁决理由充分的情况下,在 30 天内申请复议。

第 218 条

1.受处分者有权选择自己的法律代表。

2.若管理学生事务的纪律监察员要求实施处分,且被处分者未自行选择法律代表,则评审团主席应从学校学术员工或学生中挑选 1 人作为其辩护律师。

第 219 条

1.纪律委员会或学生纪律小组的听证应公开。

2.若诉讼过程的公开违反道德原则或有损受处分人利益,则纪律委员会有权用相机部分或全部记录诉讼过程。相机保存的诉讼过程不用于宣告裁决结果。

3.管理学生事务的纪律监察员和受处分人的法律代表各自陈述后,由纪律委员会做出裁决结果。

4.管理学生事务的纪律监察员陈述后,若管理学生事务的纪律监察员在初步调查期间或纪律委员会开庭时已正式通知过学生,则校长或纪律委员会可以暂停学生重复出席。

5.本条第 3 款适用于学生纪律小组的诉讼程序。

第 220 条

1.涉及裁决的各方可以就纪律委员会和学生纪律小组的裁决提出申诉。

2.在收到裁决后的 14 天内,可以向上诉委员会或学生纪律小组提出申诉,要求二审。

第 221 条

若对上诉委员会的有效裁决存在异议,则可以向公共行政法院提出申诉。

第 222 条

1.裁决生效后 3 年,依照法律规定撤销处分。

2.处分生效 1 年后,受处分人可以向实施处分的机构申请撤销处分。

第 223 条

《刑事诉讼法》(1997 年 6 月 6 日颁布实施)除第 82 条外,酌情适用于学生相关事务的初步调查及其纪律处分程序。上述事宜,除学生纪律委员会审前程序外,其他不属于本法规定范围。

第 224 条

高等教育部应依法说明初步调查及纪律处分的详细程序,内容包括:

1.纪律监察员中止调查,特别是在:

(1)时效期已满。

(2)已对同一人所犯同类过错进行纪律处分,或在诉讼前处分已经实施。

(3)行为造成的伤害微不足道。

2.纪律委员会可暂停纪律处分程序,特别是就同样行为采取刑事诉讼或轻微犯罪诉讼时;纪律委员会重新进行诉讼时暂停原纪律处分。

3.收到警告处分的学生,若在7天内终止了处分,则视为时限不足,处分时长重新计算。

4.高等学校纪律委员会和上诉委员会裁决前,学生纪律小组可以考虑以视频会议方式举办听证会。

5.在本法第220条第2款所述时间后申诉,或未经授权人授权而发起的申诉,上诉委员会主席可以驳回。

6.传唤、审查被告人、证人和专家,以及出示其他证据的程序。

第 225 条

学生自治会的章程应说明学生纪律小组进行纪律处分的组织安排、详细程序及有关规定。

第 7 章　博士生的惩戒与责任

第 226 条

1.博士生行为若违反高等学校现行校规,或违反道德标准,则需要接受纪律处分。本法第211条至第224条适用于博士生的纪律处分。

2.对博士生有关事宜做决定的纪律委员会,包括主席以及学术员工和博士生(学术员工和博士生应保持数量一致)。主席应从学术员工中任命。

3.博士生纪律小组的组织安排及处分程序细则,在博士生自治会的章程中说明。

4.根据本条第1款至第3款的规定,博士生行为若违反科研单位规章,或违反了公认的道德标准,则需要接受纪律处分。

第 5 部分　高等学校的秩序及安全维护

第 227 条

1.校长负责维护高等学校的秩序及安全。

2.高等学校的地产权事宜由校长与地方政府机关商议决定。

3.只有校长要求时,才可提供维护公共秩序与内部安全的公共服务。在直接威胁到人身安全或发生自然灾害的情况下,该服务可以自行提供,但需要立即通知校长。

4.校长与服务机构达成的协议可用于明确机构秩序和安全的其他维护事项,此类协议可证明高等教育机构内提供此类服务合法合理。

5.若该类服务无存在理由,或校长要求,则应立即撤销高等学校范围内的该类服务。

第 228 条

1.校长应为在高等学校的学生、负责实习或教学的工作人员,或有意来高等学校工作的人员创造安全健康的学习工作条件。

2.高等教育部与劳动部商议后依法制定高等学校工作的安全健康条例。包括：

(1)校长负责为学生学习和员工工作创造安全健康的学习工作条件。

(2)高等学校建筑和房屋的有关要求,包括实验室、工作室、特殊实验室和学生宿舍,确保对于使用者来说足够安全。

(3)发生特别状况时,为确保安全,暂停高等学校的课程。

第 229 条

1.若出现任何妨碍高等学校正常运转的情况,校长可以暂时停止学校或其学术单位的课程,或暂时关闭学校或其任何学术单位。

2.本条第 1 款所述的决定需由校长提前告知参议会获得批准。若未取得参议会批准,校长则应下令重新开始学校或其学术单位的课程,或移交至高等教育部处理。高等教育部应在 7 天内做出决定。

3.针对严重威胁人身安全或财产安全事宜所做的决议,连同其理由,立即由校长提交至:

(1)单独立法规定的负责安全、民事保护和危机管理的机构,该机构负责管理高等学校或其组织单位所在地区的事务。

(2)监督部门。

第 230 条

1.高等学校员工和学生有权在学校范围内组织集会。在高等学校范围内组织集会需要获得校长批准。

2.组织者至少在集会开始的前 24 个小时告知校长举办此次集会的目的。

3.若集会目的违反法律要求,则校长可以不予批准或禁止举行任何集会。

4.校长可以派 1 名代表参加集会。

5.高等学校校规应说明举办集会的要求。

6.集会组织者负责向高等学校的机构说明集会的进展情况。

7.若集会开展过程中违反了法律要求,高等学校校长或代表,在告知集会组织者后,可以终止集会。

第 6 部分　实施的法规及其临时和最终款项的修订版

第 231 条

《农业税法》(1984 年 11 月 15 日颁布实施①)第 12 条第 2 款第 1 项修改为:"(1)高等学校"。

---

①　本法修订版发布于:1994 年公报,第 1 号第 3 条、第 91 号第 409 条;1997 年公报,第 43 号第 272 条和第 137 号第 926 条;1998 年公报,第 108 号第 681 条;2001 年公报,第 81 号第 875 条;2002 年公报,第 200 号第 1680 条;2003 年公报,第 110 号第 1039 条和第 162 号第 1568 条;2005 年公报,第 143 号第 1199 条。

第 232 条

《科研单位发展法》(1985 年 7 月 25 日颁布实施①)第 2 条第 4 款中"根据《高等教育法》(第 164 号第 1365 条)(2005 年 7 月 27 日颁布实施)"添加在"非学位研究生课程"后。

第 233 条

《警察法》(1990 年 4 月 6 日颁布实施②),以下内容作为第 3a 款添加在第 4 条第 3 款后:"3a. 作为高等学校的什奇特诺警察学院,其组织和活动范围、校长及副校长的任免程序,在《高等教育法》(2005 年 7 月 27 日颁布实施)中说明。"

第 234 条

《地方税费法》(1991 年 1 月 12 日颁布实施③)第 7 条第 2 款第 1 项修改为:"(1)高等学校用于经济活动的应税资产不包括免税。"

第 235 条

《卢布林天主教大学(国家预算资金法)》(1991 年 6 月 14 日颁布实施)第 1 条修改为:"第 1 条　根据公立高等学校的有关规定,卢布林天主教大学可以获得国家预算提供的补助和其他资金,从固定资产中建设教学场地建筑的成本除外。"

第 236 条

《个人所得税法》(1991 年 6 月 26 日颁布实施④)做出以下修改:

(1)第 6 条第 4 款第 3 项改为:

"(3)根据学校教育体系或《高等教育法》规定,如果没有任何收入,则 25 岁以下的未成年人都可以上学,非应税个人所得、家庭养老金和不满足纳税要求的收入除外。"

(2)第 21 条第 1 款第 39 项和第 40 项替换为:

"(39)按照《高等教育法》,授予的学术学位学衔、艺术类学位学衔、博士生奖学金和

---

① 本法修订版发布于:2002 年公报,第 74 号第 676 条、第 113 号第 984 条、第 153 号第 1271 条、第 200 号第 1683 条、第 240 号第 2052 条;2003 年公报,第 238 号第 2390 条。

② 本法修订版发布于:2002 年公报,第 19 号第 185 条、第 74 号第 676 条、第 81 号第 731 条、第 113 号第 984 条、第 115 号第 996 条、第 176 号第 1457 条和第 200 号第 1688 条;2003 年公报,第 90 号第 844 条、第 113 号第 1070 条、第 130 号第 1188 条和第 1190 条、第 137 号第 1302 条、第 166 号第 1609 条、第 192 号第 1872 条和第 210 号第 2036 条;2004 年公报,第 171 号第 1800 条、第 179 号第 1842 条、第 210 号第 2135 条、第 273 号第 2703 条和第 277 号第 2742 条;2005 年公报,第 10 号第 70 条。

③ 本法修订版发布于:2002 年公报,第 200 号第 1683 条;2003 年公报,第 96 号第 874 条、第 110 号第 1039 条、第 188 号第 1840 条、第 200 号第 1953 条和第 203 号第 1966 条;2004 年公报,第 92 号第 880 条和第 884 条、第 96 号第 959 条、第 123 号第 1291 条和第 281 号第 2782 条;2005 年公报,第 130 号第 1087 条和第 143 号第 1199 条。

④ 本法修订版发布于:2000 年公报,第 22 号第 270 条、第 60 号第 703 条、第 70 号第 816 条、第 104 号第 1104 条、第 117 号第 1228 条和第 122 号第 1324 条;2001 年公报,第 4 号第 27 条、第 8 号第 64 条、第 52 号第 539 条、第 73 号第 764 条、第 74 号第 784 条、第 88 号第 961 条、第 89 号第 968 条、第 102 号第 1117 条、第 106 号第 1150 条、第 110 号第 1190 条、第 125 号第 1363 条和第 1370 条、第 134 号第 1509 条;2002 年公报,第 19 号第 199 条、第 25 号。

其他优秀学术成果的奖金需要由高等教育部与高等教育委员会或与学校教育主管部商议后批准授予。

"(40)由国家预算、地方政府机关预算、学校和高等学校自有资金中为学生、参加其他教育或培训的人拨款提供的财政资助,需要按学校教育体系、《高等教育法》在学术学位学衔和艺术类学位学衔方面的规定下发。"

第 237 条

《国家消防服务法》(1991 年 8 月 24 日颁布实施[1])第 17 条第 1 款修改为:

"1. 作为高等学校的华沙中央消防学校,其组织和活动范围、校长及副校长的任免程序,在《高等教育法》(2005 年 7 月 27 日颁布实施)中说明。"

第 238 条

《医疗机构法》(1991 年 8 月 30 日颁布实施[2])做出下列修改:

第 6 条第 3 款、第 8 条第 1 款和第 3a 款、第 43e 条第 1 款和第 2 款、第 44a 条第 2a 款、第 44c 条第 1 款和第 3 款、第 45 条第 1 款和第 2e 款、第 53a 条第 2 款、第 55 条第 3 款、第 56 条第 2 款、第 60 条第 6 款、第 66 条第 1 款和第 67 条第 3a 款中第二次使用的"国家"一词改为"公立"。

第 239 条

《版权及相关权利法》(1994 年 2 月 4 日颁布实施)做出下列修改:

(1)下列内容作为第 15a 条加在第 15 条之后:

"第 15a 条 高等学校有权出版学生撰写的毕业论文。若高等学校未在答辩后的 6 个月内发表,则可以由撰写论文的学生发表。共同撰写论文的情况除外。"

(2)第 93 条修改为:

"第 93 条 本法第 15a 条和第 33 条第 10 款关于家庭护理的规定适用于艺术表演。"

(3)第 122 条替换为:

"第 122 条 本法第 116 条第 1 款、第 2 款和第 4 款,第 117 条第 1 款,第 118 条和第 119 条所述法律犯罪可以由受害人提起公诉。"

---

① 本法修订版发布于:2002 年公报,第 153 号第 1271 条;2003 年公报,第 59 号第 516 条、第 166 号第 1609 条;2004 年公报,第 210 号第 2135 条和第 273 号第 2703 条;2005 年公报,第 100 号第 836 条。

② 本法修订版发布于:1992 年公报,第 63 号第 315 条;1994 年公报,第 121 号第 591 条;1995 年公报,第 138 号第 682 条;1996 年公报,第 24 号第 110 条;1997 年公报,第 104 号第 661 条、第 121 号第 769 条和第 158 号第 1041 条;1998 年公报,第 106 号第 668 条、第 117 号第 756 条和第 162 号第 1115 条;1999 年公报,第 28 号第 255 条和第 256 条、第 84 号第 935 条;2000 年公报,第 3 号第 28 条、第 12 号第 136 条、第 43 号第 489 条、第 84 号第 948 条、第 114 号第 1193 条、第 120 号第 1268 条;2001 年公报,第 5 号第 45 条、第 88 号第 961 条、第 100 号第 1083 条、第 111 号第 1193 条、第 113 号第 1207 条、第 126 号第 1382～1384 条、第 128 号第 1407 条;2002 年公报,第 113 号第 984 条;2003 年公报,第 45 号第 391 条、第 124 号第 1151 条和 1152 条、第 171 号第 1663 条、第 213 号第 2081 条和第 223 号第 2215 条;2004 年公报,第 210 号第 235 条和第 273 号第 2703 条。

第 240 条

《国家安全机关工作或服务事项或与在 1944 年至 1999 年间与公职人员合作事项的通报》(1997 年 4 月 11 日颁布实施)第 3 条第 1 款修改为:

"1.本法规定的公职人员包括:波兰总统,国会议员,参议员,其他单独立法规定的、由波兰总统、国会、国会主席团、参议会、众议院、参议会、国会发言人、国会议长、参议会议长或总理、行政部门领导人、部门主任、中央政府机构或省级机构任命、选拔或指派的人员,法官、检察官和律师,以及公立和私立高等学校的校长、副校长,高等学校委员会成员,国家认证委员会成员,学位和学术学衔委员会成员。"

第 241 条

《波兰科学院法》(1997 年 4 月 25 日颁布实施)第 36 条第 4 款修改为:

"4.科研院所可以提供:(1)按照《学位职称与艺术学位职称法》(2003 年 3 月 14 日颁布实施)要求,开设博士生课程。(2)根据《高等教育法》(2005 年 7 月 27 日颁布实施)要求,开设博士生课程以外的非学位研究生课程及其他学习课程。"

第 242 条

《克拉科夫神学主教学院国家预算法》(1997 年 6 月 26 日颁布实施)第 1 条修改为:

"第 1 条   根据公立高等学校的规定,克拉科夫神学主教学院的补助和其他资金从国家预算中拨款,固定资产中建设教学场地建筑的成本除外。"

第 243 条

《学生信用贷款法》(1998 年 7 月 17 日颁布实施)第 1 条第 1 款第 1 项修改为:

"(1)高等学校学生[见《高等教育法》(2005 年 7 月 27 日颁布实施)]。"

第 244 条

《波兰语言法》(1999 年 10 月 7 日颁布实施)第 9 条修改为:

"第 9 条   除非另有规定,否则所有类型的公立和私立学校、教育机构和其他教育机构的授课、考试以及撰写毕业论文使用波兰语。"

第 245 条

《国家预算部门薪酬及修正法案》(1999 年 12 月 23 日颁布实施)做出下列修改:

1.第 2 条第 1 款修改为:

"1.国家预算部门即国家预算单位,国家预算机构、国家预算单位的服务支持部门,根据《公共财政法》(1998 年 12 月 26 日颁布实施)第 18 至第 20 条的有关规定,管理资金。该法案以下称为《公共财政法》。"

2.第 9 条第 3 款修改为:

"3.部门理事会应依法说明各种情况下国家预算机构、国家预算单位的服务支持部门的薪酬。出现下列情况,添加奖金后薪酬可超过第 6 条所述薪酬金额:(1)奖金设立的法律规定;(2)国家预算单位、国家预算的服务支持部门超过目标范围的收益;(3)委员会行使职能的基本薪酬;(4)根据其他法律规定,调整最低工资金额;(5)组织变动。"

第 246 条

《国家紧急医疗服务法》(2001 年 7 月 25 日颁布实施)第 30 条第 4 款撤销。

第 247 条

《林业税法》(2002 年 10 月 30 日颁布实施)第 7 条第 2 款第 1 项修改为:"(1)高等学校。"

第 248 条

《国防学院建设法》(2003 年 2 月 27 日颁布实施)第 3 条第 3 款撤销。

第 249 条

《贾罗斯洛·达布鲁夫斯基军事科技大学建设法》(2003 年 2 月 27 日颁布实施)第 3 条第 3 款撤销。

第 250 条

《维斯特布拉德海军学院建设法》(2003 年 2 月 27 日颁布实施)第 3 条第 4 款撤销。

第 251 条

《学位职称与艺术学位职称法》(2003 年 3 月 14 日颁布实施)做出下列修改:

1. 以下内容作为第 5 款,加在第 6 条中。

"5. 合理情况下,委员会可以视要求作为相关人员是否完成科学和艺术领域内任务的标准,包括有关的科学类和艺术类学科。"

2. 在第 9 条中:

(1)第 5 款撤销。

(2)第 6 款修改为:

"6. 委员会就本条第 2 款第 2 项、第 3 项和第 4 款所述的事项做出的决议,应由学位和学术学衔委员会发布在波兰官方刊物《波兰之窗》上。"

3. 第 19 条修改为:

"第 19 条

"1. 授予博士学位的决议自通过起生效。

"2. 若单位董事会通过的授予博士学位的决议未能获得学位和学术学衔委员会批准,则单位董事会或被授予学位者可以在决定下发后的 3 个月内,向学位和学术学衔委员会提交申请。

"3. 学位和学术学衔委员会应在收到申请后的 4 个月内进行审议。

"4. 第 3 款所述的程序需要任命评审员负责评定是否可以颁发博士学位。"

4. 第 20 条中:

(1)第 2 款修改为:

"2.根据第 21a 条,组织单位董事会的成员,若持教授学衔或具有博士学历或同等学力,则有权进行投票。"

(2)第 5 款修改为:

"5.对博士学位进行评估时,至少需要 2 名评审员。评审员应为非被审人所在机构的高等学校或学术单位的员工,以及非所属单位董事。"

(3)第 5a 款和第 5b 款中添加:

"5a.评估是否可以颁发博士学位时:

"(1)2 名评审员由有关学术单位董事会任命。

"(2)2 名评审员由委员会任命。

"5b.第 5a 款所述的 2 名评审员应在平等的基础上参加博士学位的评估。"

(4)第 6 款修改为:

"6.评估博士论文时,博士论文的监督人及评审员可以是持有教授学衔者,也可以是获得科学或艺术领域内有关学科博士学位者。"

5.第 23 条修改为:

"第 23 条

"1.根据有关立法规定,正在准备博士论文答辩且不属于学术或科研工作者,经申请并取得雇主的同意,有权获得 28 个工作日的休假。

"2.休假期间,雇员的薪酬同样按年假薪酬的计算方式计算。"

6.第 27 条第 4 款修改为:

"4.评估教授需要 4 名评审员,与被评审人在同一机构或科研机构工作或身份为单位董事的评审员不超过 1 人。评审员可以是在有关科学和艺术领域内获得教授学衔者。学术单位董事会、学位和学术学衔委员会各派 2 人作为评审员,在平等的基础上参加教授学衔的评估。"

7.第 28 条修改为:

"第 28 条

"1.授予教授学衔的申请通过后,有关学术单位董事会应在 1 个月内将申请及评估记录提交至学位和学术学衔委员会。

"2.学位和学术学衔委员会应在接受申请的 6 个月内决定是否授予教授学衔。

"3.学位和学术学衔委员会应在候选人教授学衔申请通过后 1 个月内将申请提交至波兰总统,申请颁发教授学衔。

"4.若学位和学术学衔委员会不同意授予候选人教授学衔,则有关单位董事会或申请人可以在收到该决议后的 3 个月内向学位和学术学衔委员会申请,要求重新审查。

"5.委员会应在收到申请的 6 个月内审查申请情况。

"6.本条第 5 款所述的情况可能涉及评审员评估教授学衔过程中的行为。"

8.第 29 条第 1 款修改为:

"1.若没有法律规定,则《行政程序法》的内容适用于博士学位和教授学衔的授予,以及授予、限制、暂停或撤销此类学位和学术学衔的程序。若对此类决议存在异议,则应按照向行政法院上诉的有关法律办理。"

9.以下内容作为第 29a 条添加在第 29 条之后:

"第 29a 条

"1.若发现候选人评估过程中出具的出版物或科研成果中的重要部分侵犯了他人的著作权,有关学术单位董事会、委员会应分别通过决策,宣布授予的学位和学术学衔无效。

"2.本条第 1 款所述的决定不排除纪律处分、刑事责任或民事责任。"

10."关于雇佣未获得博士学位的人任职高等学校副教授职位应在申请提交后的 3 个月内做出答复。"添加至第 33 条第 2 款中。

11.第 35 条第 3 款和第 4 款修改为:

"3.学位和学术学衔委员会应至少与 1 位评审员商议后再通过申请。若不同意授予候选人学位或不同意授予候选人教授学衔,则应同至少 2 位评审员商议后再做此决定。2 名评审员中至少有 1 位是学位和学术学衔委员会成员。

"4.对于第 15 条第 3 款、第 19 条第 2 款所述的情况,学位和学术学衔委员会应至少与 1 位评审员商议后再做决定。"

12.第六章修改为:

"第六章 科研院所的博士生课程

"第 37 条

"1.本法所说博士生课程,除已获得授权开设博士学位课程的高等学校之外,还可由科研机构开设。高等学校之外的科研机构是指波兰科学院科研院所和根据科研开发单位条例运营的科研单位。

"2.学习博士生课程可以获得博士学位。

"3.科研机构的博士生课程可以由有关机构主任批准开设。

"4.博士生课程受提供该课程的研究机构的科研委员会的学术监督。

"5.博士生课程可以以全日制和非全日制的形式开设。

"6.半数以上的全日制博士生课程需要该单位建设的参与者出席。课程包括学习课程与科研工作,要求学术员工、研究人员和博士生直接参与。非全日制博士生课程按同样方式组织设立,以确保员工可以学习博士生课程。

"7.全日制博士生课程可以免费学习。

"8.若收取费用,则非全日制课程的学费由开设课程的研究机构的主任决定。

"9.高等学校可以和其他单位在伙伴关系的基础上合作设立博士生课程。科研单位和其他单位的任务以及博士生课程的筹资安排在研究机构与所涉及的单位签订的协议中说明。

"第 38 条

"1.参加博士生课程的博士生的主要职责包括:

"(1)学习博士生课程,按要求参加考试。

"(2)参加科研或艺术活动,提交学习进度报告。

"2.未能完成博士生课程任务者将从博士生名单中除名。除名决定由有关博士生课程的领导人决定。若对此决定存在异议,则可以在接到决议后的14天内向提供博士生课程的科研机构主任申诉。

"3.学习博士生课程的博士生需要按照高等学校为该类博士生设立的规章接受纪律处分。

"第39条

"1.学习博士生课程的博士生有权:

"(1)每年享受长达8周的假期。

"(2)单独立法规定的社会保障和国民健康保险。

"2.无论课程何时结束,学习博士生课程的时间,包括学位持有者为员工服务的时间均不得超过4年,方可授予博士学位。

"3.若博士生课程因博士生任职学术教师或研究员职位,且该博士生在规定时间内获得博士学位,则第1款所述决定雇员权利的服务期限也包括全日制博士生的学习时间。第2款所述规定适用于此种情况。

"4.若按照《机构福利基金法》(1996年,第70号第335条,随后按规定修订)(1996年3月4日颁布实施)第8条第2款的要求设立学校福利基金,则学习博士生课程的学生也有权使用该基金。

"第40条

"1.参加博士生课程的博士生可以获得博士奖学金。

"2.本条第1款所述奖学金的最低金额不得少于学术员工规定的助教最低基本工资的60%。

"3.由开设博士生课程的科研机构主任决定博士奖学金颁发事宜及其金额。

"4.在不影响本条第5款规定的情况下,博士生可以从事有偿工作,但工作时间不得与博士生课程的上课时间冲突。

"5.在博士生课程的领导人许可后,获得博士奖学金的全日制博士只可兼职有偿工作。

"第41条

"高等教育部与科研部商议后,依法决定开设博士生课程,学习博士生课程的要求以及授予博士生奖学金的有关事项包括:

"1.博士生课程时长以及可能出现的延期情况,包括单独立法规定的因产假导致的延期。

"2.招生程序。

"3.开设博士生课程的机构、董事会和课程领导人的特殊职权。

"4.博士学生证的模板和结业证书的模板。

"5.学生证和结业证书的费用。"

第 252 条

1.自本法生效之日起,现有的国立和非国立高等学校分别为本法所称的公立和私立高等学校。

2.自本法生效之日起,现有的国立和非国立高等职业学校分别为本法所称的公立和私立高等职业学校。

3.自本法生效之日起,现有的军事院校为本法所称的军事高等学校,为公立高等学校。

4.自本法生效之日起,现有的军官学校为本法所称的军事高等学校,为公立高等职业学校。

5.自本法生效之日起,现有的什奇特诺警察学院和华沙中央消防学校称为公共服务高等学校。

6.任何法律中的国立和非国立高等学校都是分别指公立和私立高等学校。

第 253 条

根据本法规定,华沙研究生教育医疗中心可以继续在医学领域开设博士生课程和非学位研究生课程。研究生教育医疗中心可以从卫生部负责管理的资金中获得资助以开设此类课程。

第 254 条

斯特凡·威索齐因斯基神学大学的神学院应按照本法有关规定设立。

第 255 条

1.高等学校的名字按照本法第 3 条要求在 2010 年 6 月 30 日之前完成变更。

2.各部门理事会应在 2009 年 6 月 30 日之前按照本法第 3 条要求提交公立高等学校的更名清单。

3.各部门理事会应按法律要求更改公立高等学校名称,公立高等职业教育机构学校按照本法第 3 条要求更名。

4.私立高等学校创始人或领导集体应在 2009 年 3 月 31 日前根据本法第 3 条要求向高等教育部提交更名申请。

5.私立高等学校创始人或领导集体若未能按照本法第 3 条要求提交申请,则其名称由高等教育部更改。此类决议依据职权决定。

第 256 条

1.自本法生效之日起,公立高等学校永久拥有的国家土地财产成为其固有财产。土地价值纳入公立高等学校的资产范围。

2.本条第 1 款所述所有权的获得由省长通过决议确认。

第 257 条

1.不符合本法第 2 条第 1 款第 22 项要求的高等学校,自本法生效之日起,成为本法所称的高等职业学校。

2.本法生效之日前按本条第 3 款和第 4 款要求开设的学位课程,需要遵守目前的法律规定。

3.本法生效之日前开设的本科课程,成为本法所述第 1 阶段教育课程。

4.若学生在本法生效之日已经开始长周期教育课程的学习,则可以按照有关规定完成学业,或转而学习对应的第 1 阶段课程或第 2 阶段课程,完成规定的学习要求。

5.本法生效之日前开设的博士生课程应遵守本法的规定。

第 258 条

1.自本法生效之日起,高等学校提供的日间课程为全日制课程,晚间课程、拓展课程和校外课程为非全日制课程。

2.本法生效后,开设特殊学位课程的高等学校可以继续开设该课程至学习周期期满。

第 259 条

1.以下情况的诉讼发起程序:

(1)关于:

(1a)国家认证委员会未提出意见的高等学校的设立事宜;

(1b)国家认证委员会未就高等学校在指定学术领域内开设学位课程的事宜提出意见,则按本法实施。

(2)关于:

(2a)国家认证委员会已提出意见的高等学校的设立事宜;

(2b)国家认证委员会已就高等学校在指定学术领域内开设学位课程的事宜提出意见,则根据现行规定和程序进行。

(3)若裁决结果没有法律效力,则按现行法律实施。

2.若建立高等职业学校的申请不符合本法第 20 条所述的要求,则应在本法生效后的 1 年内按照本法所述的程序及要求补充材料。时限期过后,正在建设的高等职业学校仍不符合本法第 20 条要求,则会被终止建设。

第 260 条

本法生效后,若高等学校符合本法第 12 条、第 276 条第 2 款要求,不符合第 56 条第 2 款或第 58 条第 4 款要求,应根据本法要求获得授权,以满足此类要求。

第 261 条

已撤销。

第 261a 条

1.开设教育课程的机构应依法向高等教育部申请:

(1)将大专学校、外语教师授课的学院、教师培训学院和公共服务学院改组为提供职业教育课程的公立高等学校。

（2）与本条第1款所述的教育机构在有关学校参议会同意的情况下合并为公立高等学校。

（3）与本条第1款所述的教育机构合并为开设职业教育课程的公立高等学校。

——同时说明该教育机构员工和学生的转移事项，决定研究领域和学位专业，以及完成第1阶段教育的要求，切实保证高质量教育。

2.与本条第1款所述的教育机构合并为公立高等学校：

（1）开设学位课程所需员工的最低人数或在校外开设课程需要遵守的规定由学术单位在暂时接受该机构职工和学生时单独确定，时间不超过3年。

（2）应在3年内为转学过去的学生特别开设课程，可以与该领域公认的教学标准不同。

（3）完成第1款所述的各个要求后，且课程已经设立，高等学校可以在当地开设职业教育课程，即不在原机构所在地开设，时间不超过3年。

3.高等教育机构合并开始至该年度预算结束期间，当地政府机关应与合并机构签订协议转移该机构的运营资金至合并机构，作为专项基金。资金不得少于该时段分配给该机构的金额，从国家教育补助分配给地方政府机关的部分中拨款。此协议也可以规定转移该机构其他财产的条件和要求。

4.如果合并，本条第1款第3项情况适用第2款和第3款所述的要求。

5.对于私立机构，批准其开设职业教育课程时应考虑本条第1款和第2款所述的要求。

第261b条

高等学校和外语教师授课的学院、教师培训学院和公共服务学院签订的协议，应保证其毕业生在通过资格考试后可以申请参加高等学校的考试，以完成学位课程学习，获得该专业执照，此条在2015年9月30日后废止。

第262条

1.已经提交的但本法生效之日还未审理的有关高等学校内部组织变更的申请，可以按照本法的要求进行审理。

2.本法生效后1年内，高等学校应使校外的教学中心符合本法要求。校长应在同样时限内向高等教育部提交校外学术单位的信息，包括该单位是否符合本法第85条第1款或第2款以及第9条第3款第5项通过的规定。不符合本法要求的校外教学中心在规定期满后废除。

第263条

国家高等学校的行政主任为公立高等学校的首席执行官。

第264条

1.本法生效前建立的雇佣关系应遵守其规定。

2. 本法生效前已经被永久任命的教授或副教授仍保留其职位。

3. 本法生效前,持有博士学位且已被无限期任命的副教授仍保留其学位和职位。

4. 本法生效前,持有博士学位且已被有限期任命的副教授,其职位保留至任期结束。

5. 任职讲师职位的学术员工仍保留其职位。讲师职位招聘事宜由高等学校校长负责。若任讲师职位的人在 65 岁未退休,则在达到 70 岁后退休。

6. 根据本法第 120 条,任职助理教授、高级讲师、讲师或助教职位的学术员工可以继续在该职位任职。

7. 本法生效前,任高级策展人、文件处理员、文件托管员、文件记录员、图书馆讲师、科学文献讲师、图书馆助理、文献整理助理、图书馆馆长、资深馆员、资深记录员职位的人仍保留其职位和任期。

8. 本法案生效后 3 个月内,高等学校校长应按照本法要求建立与学术员工和其他职工的雇佣关系。

9. 依据本法要求,与科研教学人员以及私立高等学校教学人员以雇佣合同建立的雇佣关系应在本法生效后的 3 个月内通过。

10. 根据本法第 114 条第 2 款,本法生效前,在私立高等学校任职教授的人仍留任原职。

第 265 条

1. 若学术员工拥有多个雇佣关系,且在本法生效后的 3 个月内告知本法第 129 条第 8 款所述的部门,则自本法生效后,该员工可以在 1 年内保持原关系。

2. 本法生效前,若学术员工已参加经济活动并签订雇佣合同建立了雇佣关系,且在本法生效后的 3 个月内告知本法第 129 条第 8 款所述的部门,则该员工可以继续从事该经济活动至多 1 年。

3. 在本条第 1 款和第 2 款要求的时限内,未告知高等学校领导集体自己另外的雇佣关系或从事的经济活动的学术员工,将由其首次就业的高等学校通知宣布雇佣关系终止。

第 266 条

1. 本法生效之日,对学生和学术员工的纪律处分若还未做出裁决,应按目前已生效的法律规定处理。

2. 本法生效之前,以参加科研、艺术活动或培训为目的的假期,以及为准备博士论文答辩所请的假期按已生效法律的规定及日期处理。

第 267 条

1948 年 12 月 31 日前出生的男性学术员工,年龄达到 60 岁且工作 30 年,其中 20 年在教育领域或科研领域工作,可以申请退休;女性学术员工年龄达到 55 岁且工作 25 年,其中 20 年在教育领域或科研领域工作,可以申请退休。

第 268 条

1. 本法生效之日起,不满足本法第 72 条要求的高等学校校长:

(1)第 1 款,公立高等学校校长可以继续任职至期满。

(2)第 2 款,私立高等学校校长可以继续任职至期满。

2. 若私立高等学校校规未说明任期,则不符合本法第 72 条第 2 款要求的校长自本法生效之日起至多任职 4 年。

3. 高等学校领导人及其副手,若不符合本法第 76 条第 2 款和第 79 条的要求,则可以继续任职至该届期满。此处适用于第 2 款规定。

第 269 条

1. 本法生效前 2005—2006 学年入学学习学位课程的学生需要按照其课程的数目及时长缴付学费。

2. 本法第 160 条第 3 款所述协议在 2006—2007 学年生效。

第 270 条

1. 根据本法第 276 条第 2 款要求选举出的高等教育委员会和国家认证委员会可以继续任职至该届期满。

2. 任职期满前的领导集体成员应在该届领导集体期满前选出下届成员。

3. 根据本条第 2 款的规定选出的领导集体成员,下届应按本法要求选拔。

4. 从国家高等教育机构转为公立高等学校的学校,其选出的领导人及领导集体可以继续任职至该届期满。

5. 不影响本法第 77 条第 2 款的情况下,根据本条第 6 款和第 7 款要求,第 4 款所述的机构可以参加下届选举。

6. 公立高等学校的领导集体任期从 2006 年 9 月 1 日起至 2008 年 8 月 31 日止。

7. 任期在 2006 年 8 月 31 日结束的公立高等学校领导人,可以重新参加选举,任期为 2 年。

第 271 条

本法生效之日还未颁发的博士学位以及教授学衔,按照本法生效前实施的修订后的第 251 条办理。

第 272 条

1. 国家认证委员会管理局于 2006 年 1 月 1 日成立。

2. 到 2005 年 12 月 31 日前,国家认证委员会的行政资助由为高等教育部提供资助的组织单位负责提供。

第 273 条

本法生效前已经存在的波兰学生代表大会,为本法第 203 条所述的波兰学生代表大会,其制定的章程需经高等教育部批准。

第 274 条

1. 符合本法第 56 条第 2 款或第 58 条第 4 款要求的高等学校管理部门需要按照本法规定在 2006 年 6 月 30 日前制定出校规。

2. 不符合本法第 56 条第 2 款要求的公立高等学校管理部门需要根据本法要求最迟在 2006 年 6 月 30 日之前向批准部门提交校规申请。

3. 私立高等学校创始人或管理部门应根据本法要求最迟在 2006 年 6 月 30 日之前向高等教育部提交校规的申请。

4. 若高等学校未能完成本条第 1 款至第 3 款的要求,则高等教育部应按行政决策方式决定其校规。

第 275 条

1. 本法第 276 条第 2 款所述法律的第 24 条、第 117a 条、第 121 条和第 122 条,以及第 276 条第 3 款所述法律的第 22 条、第 66a 条生效期至 2003 年 12 月 31 日。

2. 本法第 276 条第 2 款所述法律的第 75 条至第 119 条和第 124 条至第 139 条,第 276 条第 3 款所述法律的第 19 条至第 70 条生效期至 2006 年 8 月 31 日。

2a. 根据现行的法律规定,2006 年 9 月 1 日至 2006 年 12 月 31 日,公立高等职业学校员工可以享受特别财政奖励,并获得学校的福利资金。

2b. 根据《国家预算机构员工年度额外经费法》(1997 年 12 月 12 日颁布实施),公立高等职业学校的员工可以获得 2005 年和 2006 年两年的额外工资。

2c. 截止到 2006 年 12 月 31 日:

(1)高等学校可以从地方政府及其协会的预算中获得基金。

(2)高等教育部应决定资金金额,并授予:

(2a)国防学院。

(2b)贾罗斯洛·达布鲁夫斯基军事科技大学。

(2c)维斯特布拉德海军学院。

为公民的学习提供补贴,需要考虑与高等教育部监督下的高等学校的学习成本有关的津贴数额,也可以发放本法第 276 条第 2 款所述法律中第 24 条第 1 款第 2 项的补助。

(3)依据本法第 276 条第 3 款所述的法律规定运营的高等学校,可以获得国家预算提供的资金。

(4)私立高等学校可以获得国家预算提供的资金。

3. 本法第 276 条第 2 款所述法律的第 3 条、第 3a 条、第 4a 条第 2 款第 1 项至第 5 项、第 16 条第 6 款、第 33 条第 2 款、第 33b 条第 1 款、第 143 条第 3 款、第 149 条第 2 款、第 149 条第 3 款、第 152i 条、第 176 条第 1 款、第 178 条第 2 款具有法律效力,直至该法第 6 条第 3 款、第 9 条第 1 款至第 5 款、第 29 条第 7 款、第 42 条第 1 款、第 44 条、第 162 条、第 167 条第 3 款、第 187 条、第 192 条第 1 款、第 224 条、第 228 条第 2 款通过实施;第 276 条第 2 款所述法律现行条例中的第 25 条第 2 款和第 30 条仍具有法律效力,直至该法第 95 条第 1 款、第 105 条通过实施,至 2006 年 12 月 31 日止。

4.本法第 276 条第 3 款所述的法律现行条例中的第 11 条第 4 款仍具有法律效力,直至该法第 24 条第 2 款通过实施;第 276 条第 3 款所述法律现行条例中的第 24 条第 2 款仍具有法律效力,直至该法第 95 条第 1 款通过实施,至 2006 年 12 月 31 日止。

5.《国家预算部门薪酬法》(1999 年 12 月 23 日颁布实施)在实施新的第 9 条第 3 款条例前,现行的第 9 条第 3 款以及该法的修订版仍具有法律效力。

6.在《学位职称与艺术学位职称法》(2003 年 3 月 14 日颁布实施)实施新的第 41 条条例前,现行的第 41 条及其修订版仍具有法律效力。

第 276 条

撤销以下内容:

1.《军事高等教育法》(1965 年 3 月 31 日颁布实施)。

2.《高等教育法》(1990 年 9 月 12 日颁布实施)。

3.《高等职业教育法》(1997 年 6 月 26 日颁布实施)。

第 277 条

本法于 2005 年 9 月 1 日起生效,以下内容除外:

1.本法第 94 条、第 151 条、第 155 条和第 157 条于 2007 年 1 月 1 日起生效。

2.本法第 107 条至第 150 条、第 152 条至 154 条、第 156 条和第 158 条于 2006 年 9 月 1 日起生效。

3.本法第 99 条第 1 款第 3 项和第 4 项、第 199 条于 2006 年 10 月 1 日起生效。

捷　克

　　捷克,全称捷克共和国,地处欧洲中部。东靠斯洛伐克,南邻奥地利,西接德国,北毗波兰。属北温带,典型温带大陆性气候。四季分明,夏季平均气温约18.5℃,冬季平均气温约零下3℃,气候湿润,年均降水量683毫米。国土面积78 866平方千米,总人口1 068万(2019年)。其中90%以上为捷克族,斯洛伐克族占2.9%,德意志族占1%,此外还有少量波兰族和罗姆族。官方语言为捷克语。主要宗教为罗马天主教。

　　全国共划分为14个州级单位,其中包括13个州和首都布拉格市。各州下设市、镇。议会为国家最高立法机构,实行参众两院制。众议院共有议席200个,任期4年。参议院共有议席81个,任期6年,每两年改选三分之一参议员。

　　捷克为中等发达国家,工业基础雄厚。近两年增长势头较快,2018年GDP为2 222亿美元,同比增长2.9%,人均GDP 20 000美元;2019年GDP为2 465亿美元,同比增长2.4%;进出口总额3 716亿美元,其中出口1 990亿美元,进口1 771亿美元。

　　捷克实行九年制义务教育。高中、大学实行自费和奖学金制,但国家对学生住宿费给予补贴。根据1990年颁布的有关法律,允许成立私立和教会学校。著名大学有查理大学、捷克技术大学、马萨里克大学、布拉格经济大学和帕拉茨基大学。2018年,捷克共有64所大学,其中28所公立大学,36所私立大学。大学在校生29万,其中外国留学生4.5万。位于首都的查理大学是中欧最古老的学府,创办于1348年,现有17个院系(其中3个在外地)。创办于1707年的捷克技术大学,在中欧同类大学中也拥有最悠久的历史。

注:以上资料数据参考依据为中国外交部官方网站捷克国家概况(2020年9月更新)。

捷克高等教育法[①]

(1998 年第 111 号法案修订)

第 1 部分　基本条款

第 1 条

作为教育体系中最高水平代表的高等学校,被视为教育、自主知识和创造性活动的塔尖。高等学校在学术教育、科学、文化、社会以及经济发展方面发挥着举足轻重的作用,具体表现在:

(1)维护并论证所得知识,根据学校类型及培养方向,开展学术、科学、研究、开发、创新、艺术及其他创造性活动。

(2)在民主原则指导下拓宽获得高等教育的途径,为研究工作和其他需要专门技能的领域提供合适的专业资格指导与培训。

(3)提供其他形式的教育,促进不同领域的学习和文化知识的获取、传播、巩固及更新,达到终身学习的目的。

(4)积极参与社会及道德问题的公开探讨,培育文化多样性,促进相互理解,塑造公民社会。

(5)为国家及地区水平的发展添砖加瓦,同时与各级国家行政地区、市级政府以及商业、文化团体开展合作。

(6)以发展国际,尤其是与欧洲国家的合作为基础,支持与海外同类学校开发合作项目,实行学习及学位的双边认证制度,鼓励交换生与交换教职工活动的开展。

第 2 条

(1)高等学校提供认证学位课程及终身教育课程。高等教育活动的类型由所提供的认证学位课程类型决定。学位课程分为三种:学士学位课程、硕士学位课程和博士学位课程。

(2)高等学校是法人实体。

[①]　有关高等学校及其他法案的修订及补充(高等教育法案)。作为以下法案的修订版:2000 年法案第 210 条,2001 年法案第 147 条,2003 年法案第 362 条,2004 年法案第 96 条、第 121 条、第 438 条、第 473 条、第 562 条、2005 年法案第 342 条、第 55 条,2006 年法案第 161 条、第 165 条、第 310 条、第 624 条,2007 年法案第 261 条、第 296 条,2008 年法案第 189 条,2009 年法案第 110 条。

（3）高等学校分为大学型和非大学型。只有非大学型的高等学校可以使用"高等学校"或其派生词来命名。只有大学型的高等学校可以使用"大学"或其派生词来命名。

（4）大学型高等学校能提供所有学位类型的课程及开展相关的学术、科学、研究、开发、创新、艺术及其他创造性活动。

（5）非大学型高等学校提供学士学位及硕士学位课程，并开展相关的学术、科学、研究、开发、创新、艺术及其他创造性活动。此类型高等学校不能划分学院。

（6）各高等学校自行制定其章程，但必须与认证委员会的立场保持一致。

（7）普通高等学校分为公立、私立及国立高等学校。国防大学及警官学院为国立高等学校。

（8）其他涉及相关活动的法人实体可以参加高等学校的学术、科学、研究、开发、创新、艺术及其他创造性活动。

（9）只有高等学校可以颁发学术学位，执行授予教授资格程序和教授任命，使用学术徽章以及举行学术庆典。

（10）不允许在高等学校建立政党，开展政治运动及其活动。

第 3 条

普通高等学校的学术社团：

普通高等学校的学术社团由本校的教职工及学生组成。

第 4 条

学术自由与学术权利：

保障高等学校以下的学术自由与学术权利：

（1）学术、科学、研究、开发、创新、艺术及其他创造性活动的自由和其成果的发表。

（2）教学自由，尤其是不同科学和学术观点、科学和研究方法以及艺术活动的自由开放。

（3）学习自由，包括在学位课程框架内自由选择专业以及在课堂自由表达自己的观点。

（4）学术社团成员有选举其学术团体代表的权利。

（5）有使用学术徽章及举办学术庆典的权利。

第 2 部分　公立高等学校及其校内机构

第 1 章　公立高等学校

第 5 条

公立高等学校的建立：

（1）公立高等学校通过议会依法建立与撤销。其名称与地址在法案中有具体规定。

（2）公立高等学校仅允许与其他公立高等学校进行合并、兼并或仅允许设立分校。其合并与设立分校须通过议会依法执行。

（3）公立高等学校若根据本条第 1 款规定撤销或根据第 2 款规定合并、兼并或设立分校，须在法案中规定转让资产和负债的法人单位。法案中还必须说明将为撤销的高等学校学生提供完成高等教育机会的公立高等学校。

第 6 条

公立高等教育机构的自主权特别包括以下领域：

（1）内部组织。

（2）决定申请入学的人数、入学款项以及制订办理入学手续期间的决策。

（3）学位课程的设计与实施。

（4）学习组织。

（5）关于学生权利和义务的决策。

（6）学术、科学、研究、开发、创新、艺术及其他创造性活动和组织的目标。

（7）确定工作岗位选聘款项、学术及非学术人员的人数。

（8）授予教授资格和任命教授的程序。

（9）与其他高等院校和法人单位合作以及国际关系的建立。

（10）除非本法另有规定，否则高等学校可以建立自主学术机构。

（11）符合特殊规定的高等院校财务管理和资产管理：

（a）确定与学习相关的费用。

（b）公立高等教育机构的组织活动以及其学术界成员身份以内部规定为准。

（c）国家机关只能在法律规定的基础上，依法干预公立高等学校的活动。

第 7 条

公立高等学校官员和官方机构：

（1）公立高等学校有以下自主学术官员和官方机构：

（a）学术参议会。

（b）校长。

（c）科学委员会或艺术委员会，或非大学高等教育机构的学术委员会（以下简称"公立高等学校科学委员会"）。

（d）纪律委员会。

（2）公立高等学校还可另设其他官方机构和编制：

（a）董事会。

（b）财务主管。

第 8 条

公立高等学校的学术参议会：

（1）公立高等学校的学术参议会是其自治代表性学术机构。学术参议会至少由

11 名成员组成,其中至少三分之一、最多半数为学生。在公立高等学校的学术团体中选举学术参议会成员,选举直接通过无记名投票进行。公立高等学校的内部规定指定学术参议会成员人数、选举方式、选举学术参议会主席的方式,学术参议会的官方机构及其设立、取消参议会成员资格的理由,学术参议会成员不能兼任其他职务。

（2）学术参议会成员不能同时担任校长、副校长、院长或副院长。

（3）公立高等学校学术参议会成员任期不得超过 3 年。选入公立高等学校学术参议会的学生在其任职期间,如被录取到另一个直接相关的学位课程,公立高等学校内部规定可以允许其保留学术参议会成员资格。如果学术参议会在 6 个月内没有举办任何会议,公立高等学校学术参议会所有成员的任期将终止。最多 30 天内,校长实施新的选举。

（4）公立高等学校学术参议会的会议对公众开放。校长或执行副校长有权在学术参议会的会议上随时要求发言。学术参议会主席必须根据校长的要求立即召开公立高等学校学术参议会特别会议。

第 9 条

（1）公立高等学校学术参议会:

（a）根据校长的建议,建立、合并、设立或撤销高等学校的各个校内机构;经学术参议会中指定官员或官方机构、人员的批准,确定高等学校的高级职员;同时也对高等学校校内机构中的联合部门做出设立或撤销的决定。

（b）根据校长提出的建议,或者根据学院学术参议会提交的款例,批准高等学校及其校内机构的内部规定。

（c）批准校长提交的高等学校预算,监督高等学校的财务管理。

（d）批准校长提交的关于高等学校活动和财务管理的年度报告。

（e）批准校长提出的高等学校活动评估。

（f）批准校长提名或者解聘公立高等学校科学委员会和纪律委员会成员的建议。

（g）批准各个学院所提供的学位课程录取要求。

（h）对提名或撤销校长的建议进行投票。

（i）经科学委员会讨论后,批准公立高等学校的学术、科学、研究、开发、创新、艺术及其他创造性活动的战略规划(以下简称"公立高等学校战略规划")。

（j）根据校长的建议,如果公立高等学校各组成单位中的内部规定、决定或者法令违反公立高等学校的特殊规定或者内部规定,则由公立高等学校各组成单位的官员或官方机构进行撤销或者暂停其内部规定、决策或者法令的运作。

（2）公立高等学校学术参议会特别对以下议题有发言权:

（a）单个学院所提供的学位课程提案。

（b）校长对任免副校长的意见。

（c）根据本法第 15 条第 1 款第 a 项至第 d 项中需要公立高等学校董事会同意的法律行为。

(d)董事会根据本法第 15 条第 3 款提出的建议和所表明的立场。

(3)公立高等学校学术参议会决议以投票方式进行,特别是根据本条第 1 款第 h 项的提案。通过提名校长的提案需获得公立高等学校学术参议会成员总数的多数票。通过解雇校长的提案至少需得到该学术参议会成员总数的五分之三票数。

第 10 条

公立高等学校校长:

(1)校长是公立高等学校的最高领导。该法若无特殊越权,校长应就与该高等学校有关的一切事项做出决定。

(2)捷克总统根据公立高等学校学术参议会的建议任免校长。该提案由教育青年体育部部长(以下简称"部长")提交。

(3)校长任期为 4 年。特定公立高等学校的校长职务可由同一人最多连任 2 届。

(4)副校长代表校长在校长指定的领域行事。副校长由校长任免。

(5)校长的工资由部长决定。

第 11 条

公立高等学校科学委员会:

(1)公立高等学校的科学委员会成员由校长任免。

(2)科学委员会的成员是公立高等学校开展学术、科学、研究、开发、创新、艺术及其他创造性活动领域的杰出代表。至少有三分之一的上述科学委员会成员必须来自公立高等学校之外的学术界。

(3)公立高等学校的科学委员会会议由校长主持。

第 12 条

(1)公立高等学校科学委员会:

(a)讨论公立高等学校的战略规划。

(b)批准特定学院科学委员会或艺术委员会(以下简称"学院科学委员会")能力范围外的学位课程。

(c)行使任命教授和授予教授资格程序的职权。

(2)针对公立高等学校学院科学委员会对校长提出的事宜表达意见。

第 13 条

公立高等学校纪律委员会:

(1)公立高等学校纪律委员会成员和主席由校长从学校的学术界成员中任命。纪律委员会的半数成员为学生。

(2)公立高等学校纪律委员会对未在任何学院办理入学的学生的违规违纪行为进行斟酌,并向校长呈交处理有关违规违纪行为的建议。

(3)如果公立高等学校的所有学生都能到学院入学注册,则不成立纪律委员会。

第 14 条

公立高等学校董事会：

（1）公立高等学校董事会至少由 9 名成员组成，成员人数必须是 3 的倍数。公立高等学校董事会成员由部长与校长协商后进行任免，其目的是确保他们能够代表多个领域，尤其是公共生活、市政当局、地方当局以及国家行政领域。董事会成员不能受雇于公立高等学校。

（2）公立高等学校董事会成员任期为 6 年。董事会初次成立时，采用抽签方式决定哪三分之一的成员任期将在 2 年内到期，以及哪三分之一的成员任期将在 4 年内到期。

（3）董事会会议由主席召集，每年至少召开两次会议。校长、副校长或代表他们的财务主管有权参加董事会会议。董事会主席有义务根据校长的要求，召集董事会特别会议。公立高等学校董事会主席和副主席的选举方式以及董事会的规章制度载于其章程中，由部长批准。

第 15 条

（1）需要事先通过公立高等学校董事会书面同意：

（a）关于高等学校收购财产或向另一方转让财产的法律行为。

（b）如果动产的价值可视为与特殊规定相等的有形资产，同时此类动产的价值高于有形资产的五百倍，关于此类高等学校收购动产或将动产转让给另一方的法律行为。

（c）关于高等学校拟确保使用权或第一选择权的法律行为。

（d）关于高等学校拟建立另一法人实体，以及对这些法人实体进行财务和非金融投资的法律行为。

（2）公立高等学校董事会特别对以下问题发表意见：

（a）公立高等学校战略规划和由校长或部长提出进行讨论的事项。

（b）高等学校预算。

（c）关于高等学校活动和财务管理的年度报告以及对高等学校活动的评估。

（3）公立高等学校董事会对该校活动公开提出建议和协商。

（4）根据本条第 1 款第 b 项，对动产合同转让所涉及的费用应依惯例于指定时间和地点进行谈判。只有在符合公共利益的情况下，或者这种转移比其他处理这些资产的方法更为经济时，才可以转移动产。

（5）如果法律行为不符合高等学校资产得到适当使用的要求，或有损该校履行责任和承诺的能力，董事会可以不批复。

（6）当针对本条第 1 款第 a 项至第 d 项所列的法律行为做出事先书面同意时，公立高等学校董事会必须在 7 天内通知教育青年体育部。

（7）本条第 1 款第 a 项至第 d 项中所列的法律行为，没有得到公立高等学校董事会同意以及没有根据本条第 6 款向教育青年体育部报告的，视为无效。

（8）公立高等学校董事会务必确保该校坚持其建立的初衷，确定其活动符合公共利益,能正确管理资产。

(9)公立高等学校董事会成员的活动为公共服务性质。这些人员按照特殊规定向公立高等学校报销旅费;这些人员的工作可以获得补贴。

(10)公立高等学校董事会成员开展的活动应符合特殊规定。

第 16 条

公立高等学校的财务主管:

(1)财务主管负责公立高等学校的财务管理和内部管理,在校长指定范围内履行职责。

(2)财务主管由校长任免。

第 17 条

公立高等学校的内部规定:

(1)公立高等学校的内部规定如下:

(a)公立高等学校的章程。

(b)公立高等学校学术参议会选举款例和议事规则。

(c)内部薪资款项。

(d)公立高等学校科学委员会议事规则。

(e)填补学术职位的竞争性选拔程序的款例。

(f)学习和考试款例。

(g)奖学金与助学金款例。

(h)学生纪律守则。

(i)其他应在公立高等学校章程中规定的款例。

(2)公立高等学校章程特别包含以下内容:

(a)高等学校的名称、地址和类型。

(b)校名沿革。

(c)入学要求和入学申请方式。

(d)对外国留学生的要求。

(e)对高等学校活动的评估性质、款项和频率的描述。

(f)其组织结构。

(g)有关学费的规定。

(h)使用学术徽章和举办学术仪式的规定。

(i)关于公立高等学校财务管理的规定。

第 18 条

公立高等学校预算案:

(1)公立高等学校制定历年的预算,按照此预算管理财政。公立高等学校不得制定预见赤字的预算。

(2)公立高等学校的主要资金来源如下:

（a）国家预算中对教学、学术、科学、研究、开发、艺术和其他创造性活动的加权资助（以下简称"政府年度拨款"）。

（b）符合特殊法律规定的对研究、实验开发和创新的公共资助。

（c）国家财政补贴（以下简称"补贴"）。

（d）学习相关费用。

（e）学校拥有的财产收入。

（f）国家预算、国家资金、国家基金和市、区域预算中本条第 2 款第 a 项所列资金来源或其他补助资金来源。

（g）补充活动收入。

（h）捐款和遗赠收入。

（3）公立高等学校有权根据本条第 2 款第 a 项获得政府年度拨款。拨款的数额根据本条第 2 款第 a 项中依据认证学位课程、终身学习计划的类型和相关成本以及在学术、科学、研究、开发、创新、艺术及其他创造性活动中取得的成果及需求确定。此数额还取决于学校制定的战略规划和教育青年体育部编制的高等学校学术、科学、研究、开发、创新、艺术及其他创造性活动的战略规划及其年度更新战略规划（以下简称"教育青年体育部战略规划"）。根据截至上一个日历年度 10 月 31 日的有关数据，预付公立高等学校的政府年度拨款。除国家另有规定外，否则国家财政预算拨款按照国家财政预算资金的一般规定执行。

（4）由教育青年体育部决定提供给某一课程的拨款或补贴是否为国家预算的范畴；如果涉及的金额高于一万捷克克朗，则除了维护和维修资金外，建筑的拨款或补贴始终属于国家财政预算资金范畴。

（5）公立高等学校有权获得高等学校发展补贴，尤其是学生的住宿和膳食补贴。补贴的款项、使用情况和结算要根据国家预算拨款的一般规定以及支持研究、发展的特殊规定执行。公共高等学校战略规划和教育青年体育部战略规划对确定补贴数额至关重要。

（6）以下资金由公立高等学校设立：

（a）储备基金，其主要目的是在会计期弥补亏损。

（b）资本资产再生资金。

（c）奖学金与助学金。

（d）奖金基金。

（e）专项财政基金。

（f）社会基金。

（g）经营性资金。

（7）除非另有明确规定，本条第 6 款第 a 项、第 b 项、第 d 项和第 g 项列出的公立高等学校的资金来源于税后利润。资本资产再生资金和经营性资金也来自截至当年 12 月 31 日的本条第 2 款第 a 项所批准的资金余额。资本资产再生资金也来自有形和无形资产的折旧。根据本法及特殊规定的免税支出转移,奖学金及助学金属于学习相关费用的支出。公立高等学校只有在已弥补前期损失之后才可以将其税后利润分配给这些资金。历年截至 12 月 31 的各种资金的余额结转到下一个预算年度。本条第 6 款第 a 项至第 d 项、第 f 项和第 g 项中所列资金的使用以及第 6 款第 a 项、第 b 项、第 d 项和第 g 项中资金间转移款项在公立高等学校的内部监管下进行;公立高等学校有义务确保从财政拨款余额中所产生的资金仅适用于非商业市场经济竞争的高等学校活动,经济竞争不受这些活动的影响。

(8)由高等学校内部规定设置公立高等学校资金创立和使用的款项,以确保从实施基础、应用或实验研究中获得的资源和通过公共资源支持的技术教学、出版或转让所获得的利润,仅用于这些活动、成果的传播或教学。

(9)公立高等学校从以下资源中创建专用资金:

(a)指定用途的赠品,用于长期资产的购买和技术升级的除外。

(b)来自国外的专用资金。

(c)专用公共资金,包括有指定用途的机构资金,它们仅应用于超出公立高等学校在其预算年度范围的研究、实验开发和创新活动。

(10)根据本条第 9 款第 c 项,公立高等学校可在指定日历年度内为个人研发项目或长期研究计划拨出专项资金,可将专用资金转入有指定用途的专项资金中,转出金额最高可达专用资金总数的 5%。

(11)专用资金的财政资源仅用于为公立高等学校提供资金。

(12)社会基金是通过公立高等学校费用的基本配置确定的,最高为其年薪支出、薪资补偿和备用奖金的 2%。

(13)预算只用于资助高等学校的设立及根据本法第 20 条第 2 款的补充活动。

第 18a 条

财政拨款:

(1)根据本法第 18 条第 2 款第 a 项,由教育青年体育部根据公立高等学校的要求做出提供拨款的决定。

(2)在决定中说明拨款的目的及数额。教育青年体育部还根据提供拨款的目的,或根据对认证学位课程拨款的执行,规定各种款项和责任。关于决定的其他方面应适用于"国家预算补贴决定和撤销补贴款例"的规定。教育青年体育部通过从其账户到公立高等学校账户的银行转账支付财政拨款。

(3)教育青年体育部记录已提供的财政拨款。

(4)公立高等学校必须根据拨款目的,按照与会计惯例有关的特殊法律规定使用财政拨款。根据本法第 18 条第 7 款,公立高等学校可将上一日历年末剩余的拨款用于后续日历年的资金中。如高等学校违反法律或不按所批拨款的决定执行,教育青年体育部可决定撤销给予该校的拨款。如果拨款所资助的认证学位课程已经过期,或如果所批拨款与公立高等学校战略计划相冲突,教育青年体育部也可以做出决定,撤销拨款。

(5)根据该法案和关于预算规定的特别法律,关于国家预算在预算年度内解决有待决定的财政拨款依情况根据本法第 18 条第 7 款转为下一日历年度资金或被撤销。

(6)颁发批准或撤销拨款决定的程序不受《行政诉讼法》的约束。

第 19 条

公立高等学校资产:

(1)公立高等学校拥有进行其设立活动所需的资产。公立高等学校的资产包括动产、住宅和非住宅物业、产权等。

(2)公立高等学校的资产管理权归校长或者公立高等学校章程内指定的官员、官方机构或人员所有。若出现本法第 15 条第 1 款第 a 项至第 d 项所列的情况,则由校长在公立高等学校董事会事先同意的情况下做出决定。

(3)公立高等学校只能购买的证券:国家发行的或由国家确保偿还的证券、由公立高等学校投资的企业发行的证券。

第 20 条

公立高等学校的财务管理:

(1)公立高等学校必须利用资产进行教学、学术、科学、研究、开发、创新、艺术及其他创造性活动,也可以利用其资产进行符合本法的补充活动。

(2)公立高等学校可以进行有关其教学、学术、科学、研究、开发、创新、艺术及其他创造性活动的有针对性的补充活动,从而使其人力资源和资产得到更有效的利用。

(3)公立高等学校无权对其他人的债务承担担保,也不能进行房产抵押。公立高等学校无权成为公营企业合伙人或普通合伙人。公立高等学校也无权对商业企业进行投资,无权获得从国家或根据本法第 18 条第 3 款提供的财政拨款,以及根据本法第 18 条第 4 款提供的补贴获得的合作社财产。公立高等学校对法人实体的金融和非金融投资应符合该校内部规章。

(4)国家不对公立高等学校负有担保责任。

(5)公立高等学校采用复式记账制度,必须将补充活动的成本和收入与其他成本和收入分开。公立高等学校必须遵守会计准则的一般规定。

(6)校长听命于部长,负责有效利用财政拨款和补贴,用国家预算解决补贴结算,合理管理公立高等学校资产。

第 21 条

公立高等学校的其他义务:

(1)公立高等学校的义务包括:

(a)撰写活动年度报告及财务管理年度报告并提交给教育青年体育部,作为不定期出版物,按照部长在"部门公报"款文中规定的形式发布("期刊部")。

(b)制定战略规划并与教育青年体育部进行讨论,按照部长规定的日期和形式发布。

（c）按本法规定向认证委员会和教育青年体育部提供活动所需的信息，这些信息需按照认证委员会或教育青年体育部的要求在规定日期前免费提供。

（d）向申请人、学生和其他人员提供有关学习的信息和咨询服务以及向学位课程毕业生提供就业信息。

（e）制定一切可行的规定，确保学生在高等学校中有平等学习的机会。

（f）定期进行自我评估并公布评估结果。

（g）在高等学校的官方公告板上张贴其提供的认证学位课程，包括其类型、学习领域、学习方式和标准学习时间，以及已经获得认证、有授予教授资格的领域的一览表，如果该学院的学位课程或学习领域获得执行教授资格和教授任命的授权资格，学院名称应一并注明。

（2）除其他事项外，公立高等学校活动的年度报告包括以下内容：

（a）在特定日历年内开展活动的计划表。

（b）其活动评估结果。

（c）一年中高等学校内部规定、官员或官方机构的变更。

（d）董事会要求的其他资料。

（3）除其他事项外，公立高等学校财务管理年度报告包括以下内容：

（a）年度财务报表及其基本资料的评估。

（b）经审计师核实后的年度财务报表的审计意见。

（c）现金流量表。

（d）根据来源进行分类的收入和收入概况。

（e）资金的往来和最终余额。

（f）固定资产和负债概况。

（g）所有支出，分为与补充活动有关的费用和其他费用。

（4）必须向公众公布年度活动报告、财务管理年度报告、公立高等学校战略规划和公立高等学校活动评估结果。

第2章　公立高等学校各部门

第22条

（1）公立高等学校可分为以下组成部分：

（a）学院。

（b）高等学校研究院。

（c）其他着重于教学、学术、科学、研究、开发、创新、艺术及其他创造性活动和提供信息服务的部门。

（d）专事文化体育活动、住宿和餐饮（特别为学术界成员服务）的部门和业务部门。

（2）公立高等学校各校内机构的内部规定必须与公立高等学校的整体内部规定一致。

部门 1 学院

第 23 条

学院：

（1）学院必须至少提供 1 个认证学位课程，进行学术、科学和研究工作，开展教学、学术、科学、研究、开发、创新、艺术及其他创造性活动。

（2）每个学院都有自主的代表性学术机构。学院有权使用自己的学术徽章并举行学术仪式。

（3）根据校长提出的建议，由公立高等学校的学术参议会做出关于设立、合并、兼并或撤销学院的决定。认证委员会的立场对此类决定有约束力。

第 24 条

学院的权利：

（1）学院官员和官方机构有权代表公立高等学校就下列与学院有关的问题做出决定并执行：

（a）学位课程的设计和实施。

（b）教学、学术、科学、研究、开发、创新、艺术及其他创造性活动的目标和组织。

（c）雇佣款项。

（d）在本法规定的范围内，执行授予教授资格及教授任命的程序。

（e）国际关系和活动。

（f）如果本法没有另行规定，可建立学院自主学术机构和学院内部组织。

（g）使用分配给学院的财政资源。

（h）补充活动和通过这些活动产生的财政资源。

（2）只要在学校章程的授权范围内，学院官员和官方机构可以就影响公立高等学校的其他问题做出决定。

第 25 条

学院的官员和官方机构：

（1）学院有以下自治学术官员和官方机构：

（a）学院学术参议会。

（b）院长。

（c）学院科学委员会。

（d）学院纪律委员会。

（2）学院财务主管。

（3）学院的学术团体包括所聘用的学术人员和在该学院就读的学生。

第 26 条

学院学术参议会：

（1）学院学术参议会是其自主代表性学术机构。由至少 9 名成员组成，其中至少三分之一、最多半数必须是学生。学院学术参议会的成员从学院的学术团体中选出。选举形式为无记名直接投票。学院内部特别规定了参议会成员的人数、选举方式、学术参议会主席的选举方式、学术参议会的官方机构以及如何成立、解除参议会成员资格的理由，以及学术参议会成员与其他职务可否兼任的问题。

（2）学院学术参议会成员不能兼任校长、副校长、院长以及副院长职务。

（3）学院学术参议会成员任期不得超过 3 年。选入学院学术参议会的学生在其任职期间，如被录取到另一个直接相关的学位课程，学院内部规定可以允许其保留学术参议会成员资格。按照本法第 27 条，如果学术参议会在 6 个月内没能举办 1 次会议，该学院学术参议会所有成员的任期将终止。最多 30 天内，院长实施新的选举。

（4）学院学术参议会的会议对公众开放。院长或执行副院长有权在学术参议会的会议上随时要求发言。学院学术参议会主席必须根据院长的要求立即召开学院学术参议会特别会议。

第 27 条

（1）学院学术参议会应：

（a）根据院长的建议，决定建立、合并、兼并或撤销学院各个机构。

（b）根据院长的建议，批准学院内部规定，并提交给高等学校学术参议会批准。

（c）核实由院长递交的学院财政资源的分配情况，并监督其使用情况。

（d）批准由院长递交的关于学院活动和财务管理的年度报告。

（e）批准由学院提供的学位课程的入学款例。

（f）批准由院长提名或解聘学院科学委员会和纪律委员会成员的建议。

（g）对任免院长的提议进行投票。

（h）根据院长的建议，批准学院有关教学、学术、科学、研究、开发、创新、艺术及其他创造性活动的战略规划。经学院科学委员会讨论后，制订与公立高等学校一致的战略规划。

（2）学院学术参议会特别对以下议题发表意见：

（a）学院即将开设的学位课程建议。

（b）院长对副院长的任免意见。

（3）尤其是根据本法第 1 款第 g 项提出的建议，学院学术参议会进行投票表决。对院长职务提名的提案，如果获得学院学术参议会的多数票，则通过。而院长的解雇提案的通过需要至少获得学院学术参议会五分之三的票数。

第 28 条

学院院长：

（1）院长是学院最高领导。除非该法另有规定，否则院长就与该院有关的一切事项做出决定。

（2）校长根据学院学术参议会的建议，任免院长。

（3）经高等学校学术参议会及学院学术参议会发表意见后，校长可做出解聘院长的决定,但只限于在院长对其高等学校或学院负有重大过失责任或严重损害高等学校或学院利益的情况下。

(4)院长任期为4年。特定学院的院长职务可由同一人最多连任2届。

(5)副院长代表院长在院长指定的领域行事。副院长由院长任免。

第29条

学院科学委员会:

(1)学院科学委员会成员由院长任免。

(2)学院科学委员会成员是教学、学术、科学、研究、开发、创新、艺术及其他创造性活动领域的杰出代表。至少有三分之一的科学委员会成员必须来自该学院所在公立高等学校外的学术界。

(3)学院科学委员会由院长主持。

第30条

(1)学院科学委员会应:

(a)讨论教学、学术、科学、研究、开发、创新、艺术及其他创造性活动领域的学院战略规划,需与公立高等学校战略规划保持一致。

(b)批准学院开设的学位课程。

(c)在本法规定的范围内,在任命教授和授予教授资格的程序中发挥作用。

(2)学院科学委员会对院长提交的事宜发表意见。

第31条

学院纪律委员会:

(1)学院纪律委员会的成员和主席由院长从学院学术界成员中选拔任命。学院纪律委员会的半数成员为学生。

(2)学院纪律委员会成员的任期不得超过2年。

(3)学院纪律委员会负责处理该学院在校学生的违纪行为。学院纪律委员会向院长提交处理有关违法行为的建议。

第32条

学院财务主管:

(1)学院财务主管负责该学院的财务管理和内部管理,其职责范围由院长决定。

(2)学院财务主管由院长任免。

第33条

各学院内部规定:

(1)在该法规定范围外,学院内部规定处理属于其自主能力范围内的学院问题。

(2)学院的内部规定如下:

(a)学院章程。

(b)选举款例和学院学术参议会议事规则。

(c)学院科学委员会议事规则。

(d)学院学生纪律守则。

(e)在学院章程中规定的其他款例。

(3)学院章程的内容适用于本法第 17 条第 2 款的规定。

(4)若属于教会或宗教界内部规定的范围,则神学院的内部规定需在获得有关教会或宗教界的批准后,提交给高等学校的学术参议会。

部门 2 高等学校研究院

第 34 条

(1)高等学校研究院开展学术、科学、研究、开发、创新、艺术及其他创造性活动;这些活动也可以参与提供认证学位课程或作为这些课程的一部分。

(2)公立高等学校学术参议会根据校长提出的建议,对高等学校研究院的建立、合并、兼并或撤销做出决定。

(3)高等学校研究院由校长任免的院长领导。

(4)高等学校研究院的院长仅在高等学校内部规定的事宜下授权为该公立高等学校的代表。

(5)经公立高等学校学术参议会批准,高等学校研究院的院长任命科学委员会或艺术委员会,或非大学型院校的学术委员会(以下简称"高等学校研究所科学委员会"),适用于本法第 29 条和第 30 条。

部门 3 属于高等学校的农林产业

第 35 条

(1)公立高等学校的农林产业属于该校的组成单位,用于农业、兽医、卫生和林业领域学生的实践培训,进行与这类学位课程相关的研发活动。

(2)公立高等学校学术参议会根据校长的提议,建立、合并、兼并与撤销属于该高等学校的农林产业。

(3)高等学校的农林产业由校长任免的院长领导。

(4)高等学校农林产业的院长只能在高等学校内部规定的领域代表公立高等学校行事。

第 3 章 教育青年体育部的权限

第 36 条

(1)公立高等学校的内部规定须经教育青年体育部登记注册。

(2)教育青年体育部将在申请提交后 90 天内做出决定。如果申请获得批准,该部将在登记注册内部规定的副本确认登记。申请成功的不出具裁决。

（3）如果公立高等学校的内部规定违背法律或其他法规，教育青年体育部应当出具裁决拒绝登记注册申请。

（4）内部规定自登记注册之时起生效。

（5）本条第1款至第4款的规定同样适用于内部款例的修改。

第 37 条

公立高等学校或其校内机构的任何行为如违反本法或其他法律规定，且本法没有规定任何其他方式的审查，教育青年体育部将要求高等学校在合理的时间内进行整改。

第 38 条

（1）如果公立高等学校或其校内机构，没有达到以下条件之一：

（a）没有设立任何自主官方机构。

（b）没有采用本法规定的任何内部规定。

（c）没有认证学位课程或所有学位课程的认证暂缓。

（d）在财务管理方面存在的缺陷足以妨碍高等学校履行职责。

（e）明显未完成本法规定的义务。

则该部可能会限制或撤销公立高等学校或其校内机构的官员和官方机构的职权。

（2）基于缺陷的严重性以及已发生或有可能发生的损害的类型和程度，决定职权限制或撤销的程度。限制将与补救情况所需的措施相称。

（3）如果公立高等学校的官员和官方机构没有达到本条第1款要求，则这些官员和官方机构的职权将委托给教育青年体育部或一所由教育青年体育部授权的公立高等学校，在相互协商的基础上行使其职权。如果公立高等学校校内机构的官员和官方机构没有达到本条第1款要求，这些官员和官方机构的职权将归属于校长。

（4）如果不受限于有关问题的性质，教育青年体育部有义务在出现本条第1款所列的情况之前通知公立高等学校，并要求它在合理的时间内进行整改。

（5）如果本条第1款所列现象已得到整改，教育青年体育部将撤销已采取的措施。

第 3 部分　私立高等学校

第 39 条

国家批准：

（1）在欧盟成员国中拥有住所或开展大部分商业活动的法人，或根据欧盟成员国的法律组织或成立的法人，如果通过教育青年体育部批准，就有权经营私立高等学校。

（2）经营私立高等学校的授权不可转让，也不能转给合法继承人。

（3）如果有证据表明有关的法人已经组建或者成立，根据私立高等学校的组织者或创始人的要求，教育青年体育部可以在其进行公司注册或其他注册前（以下简称"注册")向法人授予国家批准经营私立高等学校。该法人在收到确认注册的有关文件后15天内,必须向该部提供注册摘要。

(4)国家批准的申请必须包含以下内容:

(a)高等学校的名称、地址以及类型。

(b)法人及其法律机构的法律形式。

(c)高等学校的学术、科学、研究、开发、创新、艺术以及其他创造性活动的战略规划(以下简称"私立高等学校战略规划")。

(d)私立高等学校活动的财务、材料、人事和信息资源的相关数据。

(e)拟授学位课程。

(f)私立高等学校组织和活动的内部规定草案及其学术界成员的身份。

(5)申请人必须能够证实要求中包含的所有数据。

(6)参照本条第4款,如果申请中存在有可能更正的地方,教育青年体育部将要求申请人在合理的时间内进行更正,同时暂缓该申请。如果申请人未能在规定的期限内纠正这些不足之处,教育青年体育部根据原始文件做出决定。

(7)教育青年体育部将从申请收到之日起150天内做出决定。在做出决定之前,教育青年体育部要求认证委员会对拟授学位课程表态。

(8)存在下列情况之一,教育青年体育部不会授予国家批准:

(a)认证委员会对某个拟授学位课程没有给出肯定立场。

(b)教育青年体育部了解到该私立高等学校无法提供足够的资源保证学术、科学、研究、开发、创新、艺术及其他创造性活动的开展。

(c)其内部规定草案违反法律或其他法规。

(9)教育青年体育部授予的国家批准同样将决定相关学位课程的认证和内部规定的注册。

(10)如果私立高等学校自批准生效之日起2年内未开展教育活动,则终止该国家批准。

第40条

私立高等学校融资:

(1)私立高等学校的授权法人必须对学术、科学、研究、开发、创新、艺术及其他创造性活动的资金来源做出规定。

(2)对于被列为公益团体的私立高等学校,教育青年体育部可为其提供补贴,以资助该校的认证学位课程和终身学习课程,以及学术、科学、研究、开发、创新、艺术及其他创造性活动。教育青年体育部可对本法第91条第2款第d项及第91条第3款中列出的奖学金和助学金给予私立高等学校补贴。关于补贴的款项、使用方法和结算应符合国家预算中财政资源使用的一般规定。

(3)本条第2款提供的补贴总额,取决于私立高等学校战略规划及其年度更新,教育青年体育部战略规划,认证学位课程的类型和相对成本、学生人数,以及在教学、学术、科学、研究、开发、创新、艺术及其他创造性活动等方面取得的成果和需求。

(4)私立高等学校研究和开发补贴的规定,应符合有关支持研发的特殊规定。

第 41 条

内部规定:

(1)根据本法第 4 部分至第 9 部分的规定,私立高等学校的内部规定划定官员和官方机构的职权。

(2)私立高等学校内部规定的注册及其后续变更,应符合本法第 36 条的规定。

第 42 条

私立高等学校的其他义务:

(1)私立高等学校有义务:

(a)撰写关于其活动的年度报告,提交给教育青年体育部,并以非期刊出版物的形式公布;如果获得补贴,则按部长规定的形式和日期一并提交财务管理年度报告。

(b)制订战略规划,与教育青年体育部进行讨论,并按部长规定的日期和形式以非期刊出版的形式公布。

(c)按本法规定向认证委员会和教育青年体育部提供活动所需的信息,这些信息应根据认证委员会或教育青年体育部要求在规定日期内免费提供。

(d)对本校的活动进行定期评估,并公开评估结果。

(e)在高等学校的官方公告板上张贴其提供的认证学位课程,包括其类型、学习领域、学习方式和标准学习时间,以及已经获得认证的执行授予教授资格和教授任命程序领域的清单。

(f)如果本校提出申请破产,或根据破产款例和解决办法已完成破产程序,需通知教育青年体育部。

(g)作为私立高等学校授权法人通知教育青年体育部进行资产清算。

(2)除非有特殊规定,私立高等学校活动的年度报告的内容必须符合本法第 21 条第 2 款的规定。

(3)除非有特殊规定,私立高等学校财务管理年度报告的内容必须符合本法第 21 条第 3 款的规定。

(4)活动的年度报告、财务管理年度报告、私立高等学校战略规划及其活动评估结果必须向公众公布。

第 43 条

教育青年体育部的职权:

(1)如果私立高等学校有任何违反法律或其他法规的行为,而该法没有规定任何其他审查方式,教育青年体育部则有权要求私立高等学校在合理的时间内进行整改。

(2)如果出现以下情况之一,教育青年体育部可以从私立高等学校撤回国家批准:

（a）该校没有任何认证学位课程。

（b）1年内两个以上学位课程的认证被撤回。

（c）所有学位课程的认证暂停。

（d）私立高等学校的活动暴露出的缺陷，足以妨碍该校依本法执行任务。

（e）私立高等学校明显未完成本法或内部规定所要求履行的职责。

（3）如果申请中获得批准所需的关键数据有误，或发生使批准不能通过的变更，教育青年体育部将撤回国家批准。

（4）如果撤回国家批准，法人不再行使作为高等学校的权利。同时，教育青年体育部将撤销其学位课程的认证。

（5）如果不受限于有关问题的性质，教育青年体育部有义务在出现本条第2款所列的情况之前通知私立高等学校，并要求其在合理的时间内进行整改。

（6）除因国家批准被撤销以外，如果私立高等学校因其他原因停止参加教育活动，必须立即通知教育青年体育部。

第4部分　学位课程

第 44 条

（1）学生通过在认证学位课程框架内的学习而获取高等教育学位，所学的认证学位课程与指定的学习模式相一致。

（2）每个学位课程包括以下部分：

（a）学位课程名称、类型、授课方式和目标。

（b）学位课程分为：学习领域、属性和可能的组合课程，以及各个不同学习领域毕业文件的阐释。

（c）各门课程说明。

（d）课程设计原则和款项，以及视情况所要求的实践培训时间。

（e）标准学习时间（计算出的平均学习年限，以学年为单位）。

（f）根据本法第45条第3款、第46条第3款和第47条第4款，包括国家考试的内容，学生在其学位课程框架内必须达到和完成的款项。

（g）获得的学位。

（h）与其相同或相关学习领域的其他类型的学位课程。

（3）课程列出各门课的时间顺序和内容，以及学习模式和学习结果的评估方式。

（4）学习模式有三种类型：面授、函授或兼为两者。

第 45 条

学士学位课程：

（1）学士学位课程旨在使学生具备就业或继续学习硕士学位课程的能力。学士学位课程直接借鉴当前的知识系统和方法，同时涵盖学位所需的理论知识。

（2）包括实践培训在内的标准学习时间最少为 3 年,最多为 4 年。

（3）学位课程完成后,最终的国家考试通常包括本科毕业论文答辩。

（4）学士学位课程毕业生获得学士学位。艺术专业有相应的学位,根据第 48 条第 2 款,被录取的艺术毕业生,只有在完成全日制高中课程、全日制中专课程或音乐学校的高等职业课程后才可获得学士学位。

第 46 条

硕士学位课程:

（1）硕士学位课程旨在使学生获取基于当前科学和学术知识、研究与发展的理论,引导学生应用这些知识,发展创新能力。艺术硕士学位课程旨在提供严格的艺术培训,激发学生才能。

（2）硕士学位课程是学士学位课程的延伸;课程标准学习时间最少为 1 年,最多为 3 年。根据学位课程的性质,硕士学位的获得也可建立在非学士学位课程基础上(长周期硕士学位课程)。在这种情况下,学习的标准时段最少为 4 年,最多为 6 年。

（3）完成硕士学位课程后,最后的国家考试包括硕士论文答辩。医学、兽医学和卫生领域的学习在参加完国家高级硕士考试后结束。

（4）硕士学位课程毕业生获得以下学位:

（a）经济、科学、技术、农林和军事领域学位。

（b）建筑领域学位。

（c）医学领域学位。

（d）牙科医学领域学位。

（e）兽医学领域学位。

（f）艺术领域学位。

（g）其他学习领域学位。

根据本法第 48 条第 2 款,被录取的艺术类硕士学位毕业生,只有在完成全日制高中课程、全日制中专课程或音乐学校的高等职业课程后才可获得硕士学位。

（5）获得硕士学位的人员有权参加同领域的国家高级硕士考试并进行高级硕士论文答辩。高等学校可以申请收取与考试的相关费用;根据本法第 58 条第 2 款,此类费用不得超过基本费用的两倍。考生可按照高等学校的规定,在准备考试的过程中利用所需的设备和信息技术。通过国家高级硕士考试的学生将获得以下学位:

（a）法律领域学位。

（b）人文、教师教育和社会科学领域学位。

（c）自然科学领域学位。

（d）药学领域学位。

（e）神学领域学位;天主教神学领域。

第 47 条

博士学位课程:

（1）博士学位课程旨在开展研究或开发领域的科学研究和独立的自主创新活动，或艺术领域的独立的理论创新活动。

（2）标准学习时间最少为 3 年，最多为 4 年。

（3）在博士学位课程框架内进行的学习是由导师指导的个人课程。

（4）博士课程的学习以国家博士考试与博士论文答辩作为结束，旨在显示毕业生在研究或开发领域独立活动和创新艺术活动的能力。博士论文必须包含原创成果以及已发表或即将发表的成果。

（5）博士学位课程毕业生获博士学位或神学领域博士学位。

（6）博士学位课程框架内的学习由博士生学习委员会监督和评估，该委员会的成立符合高等学校或高等学校中提供相关认证学位课程的某机构的内部规定。高等学校或其组成部门可以同意在同一研究领域设立一个共同的学位课程博士生学习委员会。委员会主席由其成员在内部投票选出。

第 47a 条

（1）学士、硕士和博士学位课程也可以与提供相关内容学位课程的外国高等学校合作。

（2）根据本条第 1 款规定，合作的款项在有关的高等学校之间的协议中阐释。

（3）与国外高等学校合作的学位课程毕业生除获得本法第 45 条第 4 款、第 46 条第 4 款和第 47 条第 5 款规定的相应学位外，根据不同情况，还可获得国外高等学校依照有关国家现行立法规定的学位。文凭中注明与其进行合作的国外高等学校的名称，并注明同时在国外高等学校获得的国外学位。

第 47b 条

论文公开：

（1）高等学校有义务无偿向公众公开已通过答辩的博士、硕士、高级硕士和本科论文，包括答辩小组报告以及答辩结果。高等学校将通过提供这些论文的数据库来公开。论文公开的途径在高等学校内部规定中体现。

（2）高等学校内部规定为达到公开目的，至少于答辩前 5 天，在指定答辩地点或本校内的论文答辩处公示答辩人提交的博士、硕士、高级硕士和本科论文。论文摘要、副本或复印件自费购买。

（3）根据本法规定，无论答辩结果如何，一旦论文提交，便代表作者同意将论文公开。

第 5 部分　高等学校的学习

入学

第 48 条

（1）入读学士学位及硕士学位课程，需在完成全日制高中学业或全日制中等职业学校学业后方可进行。艺术生同样也必须在完成音乐学校的高等职业课程后方可入读。完成学士学位课程后可选择申请硕士课程的学习。

（2）特殊情况下，未完成全日制高中、全日制中专或音乐学校高等职业课程的艺术生也可准许入学。

（3）完成硕士学位课程后可选择申请博士学位课程的学习，此外，艺术类学生必须拿到硕士学位后方可申请。

第 49 条

（1）高等学校和学院可以自由规定入学的额外款项，如学生的专业知识、能力、才干或在中学、高等职业学校取得的成果。学生在完成学士学位课程后申请入读硕士学位课程，其录取结果也可能取决于这两种课程的相似性或学生在本科期间某类课程获得的学分数。学分是学习中某部分工作量的定量表达方式。此外，高等学校和学院可能会限制符合要求的申请人数；若符合要求的申请人数超过上限，将按照排名进行录取。

（2）只要符合捷克应履行的国际协定规定的义务款项，外国人均可申请学位课程的学习。

（3）高等学校和学院可以针对不同申请人自由规定入学款项，如已完成全部或部分学位课程的申请人、目前在捷克或国外高等学校学习其他学位课程的申请人、在高等职业学校完成全部或部分学业的申请人以及正在捷克或国外高等职业学校学习认证课程的申请人。

（4）通常，作为入学考试方式，在本条第 1 款和第 3 款中所规定的款项最终需经过验证。

（5）高等学校或学院必须提前公布提交录取申请的截止日期，书面或是电子形式的提交申请方式，根据本条第 1 款和第 3 款的入学款项，确定款项符合的方式和通知日期，但无论如何不得晚于截止日期前 4 个月公布。如果入学考试作为入学款项中的要求之一，高等学校或学院必须公开考试方式、考试内容说明以及评估标准。所有上述信息必须张贴在高等学校和学院的官方公告板上。每个学位课程最多录取的学生人数也必须以同样的方式公开。

（6）如果有新认证的学位课程，高等学校或学院不需要在提交录取申请截止日期前至少 4 个月公布上述信息，因为这样可能使新学年不能按时开始。在此情况下，提交申请的期限可以缩短，但不得晚于提交录取申请截止日期前 1 个月。本条第 5 款规定的其他款项保持不变。

第 50 条

录取程序：

（1）录取程序从收到高等学校或其提供相关学位课程的部门入学申请开始。申请中必须包括申请人的姓名、身份证号码（如果已编定）以及在捷克的永久居住地或国外居住地。外国人还必须包括出生日期、性别、在捷克的居住地和公民身份证明。

（2）学位课程若由学院提供，则入学申请由学院院长做出决定；若由高等学校提供，则由校长决定。

（3）私立高等学校的入学申请由其内部规定的官员或官方机构决定。

（4）关于入学的决定不受行政诉讼一般规定的约束。

（5）必须在入学款项得到验证之日起30天内以书面形式做出录取决定。决定书必须包含决定的理由以及可以申请审查决定的信息。该决定书必须寄给申请人本人。如果不能，则以在内部规定中注明的另一种交付方式递交。如果申请人的居住地点不明，则将其决定书发布在官方公告板上。

（6）申请人有权检查所有与入学有关的材料。

（7）申请人可以要求对有关决定进行审查。该请求必须在收到决定书的30天内提交给出具决定的官员或官方机构；若因重大理由未能按期提交请求的，则可放宽期限。若决定人为院长，则可自行接收审查请求并更改决定；若决定人不是院长，则院长需将请求申请递交给校长，然后由校长决定。如果原决定书不符合本法、高等学校及其组成部门内部规定，或本法第49条第1款和第3款规定的款项，校长将做出更改。否则，校长将驳回请求并坚持原决定。

（8）高等学校或学院必须在做出决定的15天内公开入学程序的流程和结果。如果入学程序中含有入学书面考试，高等学校或学院要对入学考试的内容做出概述。教育青年体育部将就入学考试流程与结果信息公开的程序和款项颁布法令，其中包含基本分数的要求。

（9）高等学校或学院将按照特殊规定处理和提供统计数据。

第 51 条

入学注册：

（1）申请人获得入学资格后可办理入学注册。申请人必须在高等学校或其组成部门规定的时间内办理注册手续。

（2）注册手续在高等学校或提供相关学位课程的高等学校部门办理。

第 52 条

课程和学年：

（1）学习周期主要划分为：学期、学年或半学期。每个学期、学年或半学期都由教学期、考试期和假期组成。

（2）1个学年为12个月；由校长决定学年的起始时间。

第 53 条

国家考试：

（1）国家考试委员会组织国家考试及成绩公布。

（2）经相关科学委员会批准的教授、副教授和专家负责国家考试的审查。

（3）教育青年体育部可以为考试委员会增加成员、引进相关领域的优秀专家。

第 54 条

学习中断：

（1）只要符合《学习和考试款例》规定的款项，可以多次中断学位课程的学习。《学习和考试款例》中有中断学习的最长时间限制的规定。

（2）在学习中断期间，个人不得保留学生身份。中断期满后，可以重新入读。

第 55 条

学业结束：

（1）学位课程的完成意味着学业的结束。自国家考试或此考试最后部分结束之日起学业结束。

（2）高等教育文凭和学位证作为学业结束和学位授予的证明文件。

第 56 条

（1）以下情况发生时表示学业结束：

（a）学生放弃学习。

（b）学生未能符合《学习和考试款例》规定的学位课程要求。

（c）学位课程的认证撤销。

（d）根据本法第 80 条第 4 款，学位课程的认证到期。

（e）根据本法第 65 条第 1 款第 c 项或第 67 条，学生被开除。

（2）本条第 1 款第 a 项学业结束之日，即学生向录取该生的高等学校或学院递交自愿放弃学业的书面声明之日。本条第 1 款第 b 项的学业结束日期在《学习和考试款例》中有规定。本条第 1 款第 d 项，自高等学校宣布学位课程终止或所授认证结束之日起，学业结束。本条第 1 款第 e 项的学业结束日期即开除决定的生效之日。

（3）由本法第 50 条第 2 和第 3 款中规定的机构，可依本条第 1 款第 e 项做出开除决定，依本法第 54 条做出休学决定；所做决定应以本法第 50 条第 4 款至第 7 款的规定为准。

第 57 条

学业文件：

（1）与学位课程学习和毕业有关的文件：

（a）学生证。

（b）学生成绩簿。

（c）高等教育文凭。

（d）参加过的考试证明。

（e）学习证明文件。

（f）文凭补充文件。

（2）学生证在学生入学注册时发给学生。

（3）学生成绩簿的主要作用是记录各门课程以及学生在这些课程中取得的成绩。上述成绩簿中的数据也可保存在高等学校或学院的电子信息系统中。在此情况下，高等学校或学院须确保电子信息系统中的数据只能由被授权人员操作。学生成绩簿是相关高等学校或学院正式确认学生成绩的数据记录。

(4)高等教育文凭是学生在相关学习领域完成学位课程的证明。

(5)已完成的考试或学习的文件证明颁发给：

(a)根据本法第56条第1款完成学位课程学习的人员。

(b)提出申请的学生。

(c)申请学位课程的毕业生。

(6)给学位课程毕业生颁发学位证书。

(7)高等教育文凭和学位证书除了含有相关高等学校和授予学位的信息外,也是印有捷克国徽的公共文件;高等教育文凭通常在学术典礼上颁发。

(8)在本条第1款所列文件以及在本法第50条至第69条、第89条至第91条和第99条所列的决定和学位证书中,如个人已有身份证号码,高等学校会在其中写上相关人员的身份证号。

第58条

学习相关费用：

(1)公立高等学校可以自行制定入学手续费用标准。这些费用最多为基数的20%。

(2)学习费用的基数为从非资本支出总额中分配给1名学生的平均金额的5%,由教育青年体育部从国家预算每年向公立高等学校的支出中提供。该基数在每年1月底前由教育青年体育部宣布,适用于该日历年开始的学年。与上个日历年有关的数据用于基数计算。

(3)如果学生的学士或硕士学位课程入学注册时间比标准时间晚1年以上,每超过半年则公立高等学校每门课程至少收取原基数1.5倍的费用。根据本法第45条第3款或第46条第3款,所有以前尚未完成的学士或硕士学位课程的学习时间也计入学时之内;在这种情况下,学生未完成的学位课程与当前学位课程的注册只计1次。

(4)如果学士或硕士学位课程毕业生入读另一学士或硕士学位课程,每门课程,公立高等学校收取的学费不得超过本条第2款中规定的基数;该款不适用于入读硕士学位课程的本科毕业生,或者是必修的总学时不超过1个学位课程标准学时的情况。如果额外课程学习的总学时超过标准学时,则公立高等学校依照本条第3款收取学费。

(5)如果公立高等学校开设外语教学的学位课程,可自行制定其学士、硕士或博士学位课程的学费,本条第2款至第4款的规定不适用于学习费用的制定。

(6)在提交入学申请截止日期前,公立高等学校必须根据本条第1款至第5款公布下学年的学习费用。这些费用的额度、支付方式以及支付的截止日期,在公立高等学校的章程中均有规定。

(7)除本条第5款所示费用外,所有的学习费用均纳入公立高等学校奖学金和助学金的收入中。

（8）本条第 3 款和第 4 款所确定的学习费用必须在支付截止日期前至少 90 天内公布。如果出现对学费的决定提出上诉的情况，特别是考虑到根据公立高等学校章程所示学生的学习成果和社会情况，校长可缩短、取消或延迟缴费截止日期。

（9）本条第 1 款至第 5 款设定的学习费用不受一般费用规定的制约。

第 59 条

私立高等学校学习费用的制定在其内部规定中列出。

第 60 条

终身学习：

（1）高等学校可以在其教育活动框架内提供免费或自费的终身学习课程。终身学习可以是以职业发展或兴趣为主而开展的课程。在高等学校内部规定中阐释了有关终身学习的细则，这些细则必须提前向参与终身学习课程的学员公布。

（2）高等学校向终身学习课程毕业生颁发证书。依本法规定，如果终身学习课程的毕业生入读认证学位课程，其在终身学习课程中获得的学分最高可占完成认证学位课程所需总学分的 60%。

（3）依本法款规，学习终身学习课程的学员不属于学生范畴。

第 60a 条

教育是国际认证课程的一部分：

（1）公立高等学校可以通过国际认可的课程以免费或自费形式提供教育，这些课程主要是在教育活动框架内提升国外高等学校学生或毕业生的专业知识（以下简称"课程"）。高等学校内部规定中阐释了这些课程的细则，相关细则须提前向学员公布。

（2）高等学校向该课程所有毕业生颁发证书，也可授予优秀毕业生国际认可的称号。

（3）依照本法，该课程学员不属于学生范畴。

第 6 部分　学生

第 61 条

（1）申请人自入学之日起成为学生；学习中断的人在重新入读学业之日重新获得学生身份。

（2）本法第 55 条第 1 款和第 56 条第 1 款、第 2 款规定学业终止的以及根据第 54 条规定学业中断的，自终止或中断之日起不再拥有学生身份。

第 62 条

学生的权利：

（1）学生有权：

（a）学习 1 门或 1 门以上学位课程。

（b）根据学位课程的规定进行科目选择和课程规划。

(c)某科目由多位教师授课时,可自行选择授课教师。

(d)根据学位课程或《学习和考试款例》的规定进行考试。

(e)完成学位课程或《学习和考试款例》规定的要求后,可进一步学习该学位课程。

(f)为自己的学士、硕士、高级硕士或博士论文开题。

(g)依照高等学校的规定使用学位课程学习所需的设施和信息技术。

(h)如果已成立学术参议会,可参加该参议会成员选举。

(i)在满足《奖学金和助学金规章》的款项下,获得由高等学校提供的奖学金和助学金。

(2)参加实践课程和实习的学生须遵守有关工作安全和健康保护以及妇女工作款项的一般规定。

第 63 条

学生的义务:

(1)学生学习方面的义务参照其学位课程和《学习和考试款例》。

(2)学生必须遵守高等学校及其校内机构的内部规定。

(3)此外,学生有义务:

(a)支付学杂费,并提供计算这些费用所需的数据。

(b)向就读的高等学校或其校内机构上报邮政地址。

(c)校长、院长或他们授权的高等学校员工在召集会议时,需出席并讨论有关学习课程或终止学习的问题。

(4)忽视本条第 3 款所规定的义务的学生必须向高等学校支付由此产生的所有费用。

违纪

第 64 条

违反法律、高等学校或其校内机构内部规定的义务的行为属于违纪行为。

第 65 条

(1)对违纪行为可能实行以下处分:

(a)警告。

(b)留校察看,含须满足某些款项的期限。

(c)开除。

(2)在实行处罚过程中,要考虑到违纪行为的特点、导致违纪的客观因素、后果、责任范围以及违纪学生之前的表现及其补救措施。只有在蓄意违纪的情况下,才能给予开除处分。

第 66 条

如果违纪行为已经过去 1 年以上,或犯罪行为已被宣判,则可不对违纪行为进行处理。1 年的期限只含属于学生身份的时间。

第 67 条

有关开除的特殊规定：

通过舞弊行为录取的学生将被开除。

第 68 条

学生权利与义务的决定：

（1）关于学生权利和义务的决定不受行政诉讼一般规定的制约。必须在收到请求或需审议的通知后 30 天内做出决定。

（2）要以恰当的方式让学生收到与其有关的权利与义务的通知，并在该生就读的高等学校或其校内机构存档。

（3）对以下问题做出决定：

（a）如《学习和考试款例》允许，同意进行补考。

（b）如《学习和考试款例》允许，同意重修部分课程。

（c）同意中断学习。

（d）对考试及同等学力考试法规的认同。

（e）授予奖学金或助学金。

（f）根据本法第 58 条第 3 和 4 款，确定学习费用。

（g）判决是否符合本法第 56 条第 1 款第 b 项规定的要求。

（h）违纪。

（i）本法第 67 条的开除决定必须以书面形式公布，其中须含有做此决定的理由以及可提出上诉的信息。此决定必须交给当事人本人。若出现本条第 3 款第 a 项至第 e 项的情况，则高等学校或其校内机构的内部规定可以确定另一种交付方式。

（4）学生可以对决定提出上诉。上诉请求必须在收到决定书后 30 天内提交给发布该决定的官员或官方机构；根据本条第 3 款，如有重大理由，可不受此截止日期期限的限制。如果做决定的官员是院长，经授权，可同意该请求，并更改或取消该决定；否则，院长将此请求通知校长，由校长决策。若该决定与本法、高等学校或其校内机构的内部规定相冲突，则校长可对该决定做出更改或取消。如果事实明了，应当终止处分，则校长可根据本法第 67 条废除关于违纪和开除的决定。所有与本条第 3 款第 f 项相关的上诉请求可暂缓决定的执行。

（5）根据本条第 4 款做出的决定，公立高等学校或其校内机构的官员和官方机构将采取必要措施，恢复学生的权利，并消除或至少减轻错误决定的后果。

第 69 条

（1）纪律处分程序由公立高等学校的纪律委员会发起，若涉及未在任何学院办理注册的学生的违纪行为，则处分文件由校长提交；若涉及某一学院的学生的违纪行为，则由该学院院长提出。提交的文件中含有相关行为的描述、所有支撑证据以及将该行为视为违纪行为的理由。自学生收到提交处分通知时起，纪律处分程序开启。与学生当面进行违纪行为的讨论。若该生正式受邀参加会议,却没有提前请假而缺席,有关其违纪行为的讨论只能在该生缺席的情况下进行。校长和院长均不得施加比纪律委员会决定更严重的处罚。

(2)如果有关行为经事实证明不属违纪行为,或没有证据表明此行为出自该学生,或被指控违纪的人不再是学生,那么纪律处分程序取消。

(3)所有上诉都能暂缓执行。

(4)依此类推,本条第 1 款至第 3 款适用于第 67 条的开除程序。

第 7 部分　教职员工

第 70 条

教职员工:

(1)教职员工由高等学校从事学术、科学、研究、开发、创新、艺术及其他创造性活动的员工组成。教职员工要维护高等学校的良好声誉。

(2)教职员工包括教授、副教授、助理教授、讲师,参与教学活动的学术、科学及研究的工作人员。

(3)高等学校的教职员工履行教师职责。

(4)教职员工的固定期限劳动合同期为 2 年到 5 年。这些员工可以与同一雇主多次协商签订最多连续两次固定期限劳动合同。在此之后,只可以与同一雇主就无固定期限劳动合同进行协商。65 岁以上的教职员工可以多次协商固定期限劳动合同。《劳动法》第 39 条第 2 款不适用于此款。

(5)其他专业人员可以根据雇佣关系以外的工作合同参与教学。

(6)高等学校的内部规定明确客座教授的具体情况。

第 71 条

副教授任命:

特定领域的副教授由校长根据教授资格授予的程序任命。

第 72 条

教授资格授予程序:

(1)教授资格授予程序的目的是确定申请人的学术、科学或艺术资格,特别是考察其申请教授资格的论文及答辩、其他学术、科学、专业或艺术资质,以及基于其申请教授资格的演讲和先前教学经验的评估,考察申请人的教学经历。

(2)教授资格授予程序根据申请人的请求开始启动。其提交的申请中必须包括简历、获得的高等教育文凭和相关学位的文件,其教学经验,学术、科学、专业或艺术资质的证明文件,其国内外学术、科学、专业或艺术研究奖学金文件清单,以及其余证明该申请人学术、科学、专业或艺术等资质的文件清单。该申请还必须指明所申请的教授资格的领域。此外,申请人必须提交申请教授资格的论文。

(3)教授资格论文可以是以下形式中的一种:

(a)提供新的学术或科学知识的书面论文。

(b)已经出版的科学或学术论文集或有补充注释的技术论文集。

(c)已出版的介绍新学术或科学知识的专著。

(d)艺术作品、艺术成就或一系列优秀的公共艺术活动。

(4)此申请需提交给有相关教授资格领域认证的学院院长,或有相关领域认证的高等学校校长。如果未能提交完整的所需材料,且申请人在已被告知的情况下未能及时提供,院长或校长将终止教授资格授予程序。

(5)如果没有根据第4款终止教授资格授予程序,院长或校长将申请提交给学院或高等学校科学委员会,并提出设立5人教授资格委员会的建议。教授资格委员会由相关领域的教授、副教授和其他杰出代表组成。该委员会主席必须由教授担任,至少有3名委员会成员必须是执行教授资格授予程序学校以外的高等学校专家。

(6)对于艺术领域的申请人,科学委员会可以不对高等学历做出要求。

(7)由科学委员会批准的教授资格委员会可以指定3名人员审读申请人的教授资格论文,其中最多1名人员可从执行教授资格授予程序的高等学校中选出。

(8)教授资格委员会对申请人在相关领域的学术、科学、专业或艺术资质以及先前的教学经验进行评估,在论文审读人报告的基础上评估该教授资格论文质量。之后,该委员会通过投票决定是否提名申请人为副教授。如果该申请未获得教授资格委员会成员的多数票,委员会建议终止此程序。获得通过的提名由教授资格委员会主席或其指定的成员提交科学委员会。

(9)教授资格演讲和论文答辩在科学委员会的公开会议上进行。讨论会上,申请人可对审读人报告发表评论,对其论文进行答辩,并扩展到其已完成的学术、科学、专业或艺术和教学工作上,科学委员会通过投票决定是否提名该申请人为副教授。

(10)如果该提名未获得科学委员会成员的多数票,则终止教授资格授予程序。

(11)科学委员会向校长提交获得通过的副教授提名。如果校长不同意提名,则将此提案与拒绝接受的理由一并提交给高等学校科学委员会,再由高等学校科学委员会讨论并投票决定是否提名该申请人为副教授。如果该提名未获得高等学校科学委员会成员的多数票,则终止教授资格授予程序。若获得通过,则校长任命该申请人为副教授。

(12)如果终止教授资格授予程序,则将论文与申请所需文件一并归还申请人。

(13)行政诉讼的一般规定不适用于教授资格授予程序。

(14)申请人有权对教授资格授予程序提出异议。如果院长反对此异议,则将其上报校长。校长有最终决定权。

(15)如果经高等学校内部规定允许,教授资格授予程序可在高等学校的学院科学委员会审查之前进行。在此情况下,院长的职责由学院主任执行。

第 73 条

教授任命：

捷克总统根据教育青年体育部部长提出的高等学校科学委员会的建议，任命特殊领域的教授。

第 74 条

教授任命程序：

（1）教授任命程序的目的是展示申请人的教学和学术、科学或艺术资质，申请人在各自的特定领域必须是公认的杰出人物。启动此程序需以申请人通过教授资格授予程序获得副教授任命为前提，而且教授资格论文的展示是程序的一部分。在特殊情况下，当申请人已获得国外著名高等学校教授职位时，校长可根据高等学校科学委员会的建议，取消在启动教授任命程序前申请人必须具有副教授职位的规定。

（2）教授任命程序的启动方式有：按申请人的要求，此情况下该申请须有至少 2 位相同或相关领域教授的书面推荐；或按院长或校长的要求以提案的形式提交给具有相关领域认证的学院科学委员会；或提交给具有相关领域认证的高等学校科学委员会。该程序也可以由学院或高等学校科学委员会自行发起。该提案必须包括本法第 72 条第 2 款所列的要求；还必须指明申请启动教授任命程序的领域。

（3）为了审核提案，相关科学委员会根据院长或校长的提议，批准成立由相关领域教授、副教授和其他杰出代表组成的 5 人评估委员会。评估委员会主席必须由教授担任，至少有 3 名委员会成员必须是执行该任命程序学校以外的高等学校的专家。

（4）对于艺术领域的申请人，科学委员会可以不对高等学历做出要求。

（5）评估委员会对申请人资格进行评估，并投票决定是否提名该申请人为教授。如果该申请未能获得评估委员会成员的多数票，评估委员会可建议终止程序。获得通过的提名由评估委员会主席或其授权的成员提交给科学委员会。科学委员会将邀请申请人在某次公开会议上演讲，阐述其在相关领域上的学术、科学、艺术资质或教学理念。

（6）演讲后，科学委员会将投票决定是否提名该申请人为教授。获得高等学校科学委员会通过的提名将直接提交给教育青年体育部部长；获得学院科学委员会通过的提名将提交给高等学校科学委员会，再由高等学校科学委员会投票决定是否将该提名提交给教育青年体育部部长。本法第 72 条第 10 款的规定同样适用于这两种情况。

（7）行政诉讼的一般规定不适用于教授任命程序。

（8）申请人有权对学院或高等学校的教授任命程序提出异议，由校长对此异议做出评估，校长有最终决定权。

（9）如果经高等学校内部规定允许，教授任命程序可在高等学校执行相等职能的学院科学委员会审查之前进行。在此情况下，院长的职责由学院主任执行。

第 75 条

教授资格授予程序与教授任命程序的信息公布：

（1）教授资格授予程序或教授任命程序启动伊始,高等学校或其校内机构必须立即在其官方公告栏上公布此信息。信息中必须含有科学委员会相关公开会议的时间表。有关终止这些程序的信息也必须及时公布。

（2）高等学校必须向教育青年体育部提供以下信息：

（a）教授资格授予程序或教授任命程序启动伊始：申请人姓名、身份证号码、婚姻状况和永久居住地；若申请人是外国人,也要含有其出生日期、性别、在捷克的居住地、国籍和工作信息。

（b）在执行教授资格授予程序或教授任命程序过程中,本条第 2 款第 a 项所列信息的变更,或者在程序中断的情况下,发生变更的原因和日期。

（c）教授资格授予程序或教授任命程序终止时,终止的结果和日期。

（3）教授资格授予程序或教授任命程序启动伊始的信息由教育青年体育部以适当方式公开。这点同样适用于这些程序的结果。

第 76 条

学术休假：

（1）高等学校教职员工享有为期 6 个月的学术休假。除因执行高等学校教学任务需要外,按要求每 7 年享有 1 次学术休假。

（2）教职员工享有带薪学术休假。

第 77 条

公立高等学校的竞争选拔程序：

（1）必须通过竞争选拔程序填补公立高等学校的学术职位。对于现有教职员工在原职位上的返聘不需经过此程序。

（2）学术职位的应聘信息必须至少在提交申请截止日期 30 天前通过以下方式公布：高等学校或其校内机构的官方公告栏；覆盖整个捷克的大众传媒。

（3）竞争选拔程序在公立高等学校的内部规定中有具体说明。

第 8 部分　认证

第 78 条

学位课程认证：

（1）学位课程须有教育青年体育部颁发的认证。

（2）如果学位课程未获认证,不得招生、开班、举行考试或颁发学位。

（3）在硕士学位课程认证的框架内,可根据本法第 46 条第 5 款规定做授予学位的决定。

第 79 条

（1）高等学校学位课程认证的书面申请必须包含以下信息：

（a）高等学校或提供此学位课程的校内机构名称。

（b）本法第 44 条第 2 款的学位课程的各个组成部分。

（c）有合格教师、资金、材料、技术、设备与信息支撑，至少保证开展标准学时的学位课程。

（d）学位课程的计划发展描述，合理的预期入学人数。

（e）卫生服务领域的学位课程，需具备卫生部对于这一领域毕业生就业前景的意见。

（f）如果学位课程侧重于管理方面的职业实践准备，需声明相关学位课程的重点是为管理方面的职业实践做准备，并具备相关认可机构对于从事此行业毕业生所需能力的意见。

（2）教育青年体育部将认证申请并及时提交给认证委员会，该委员会在收到申请书之日起 120 天内做出决定。

（3）如果申请中有任何不足之处需要更正，认证委员会将要求该高等学校在合理的时间内进行更正，并暂停认证审核程序。若高等学校未能在规定时间内更正不足，则认证委员会将根据原文件做出决定。

（4）在收到认证委员会意见之日起 30 天内，由教育青年体育部决定是否予以认证。在做决定时，该部要考虑高等学校在学术、科学、研究、开发、创新、艺术及其他创造性活动方面的总体政策，以及对高等学校活动的评估。

（5）如出现以下情况，教育青年体育部不得予以认证：

（a）学位课程不符合本法第四部分所列的要求。

（b）无法确保相关学位课程有足够的教师、设备和信息支撑。

（c）学位课程缺少足够的资金、材料或技术资源。

（d）高等学校无法保证课程的常规教学。

（e）认证申请中含有对获得认证至关重要的不实数据。

（f）认证委员会做出否定意见。

（6）如果不满足本条第 5 款的第 a 项和第 b 项中所列要求，认证委员会将不对学位课程认证申请给出肯定意见。委员会的意见中须说明学位课程不符合本条第 5 款第 a 项和第 b 项中所列要求的理由。

（7）经认证委员会同意后，教育青年体育部颁布法令，详述学位课程认证申请的内容。

（8）如果教育青年体育部得知认证委员会对某一学位课程的否定意见中含有与事实或本法不符之处，该部可要求认证委员会重新审核认证程序，纠正错误之处。

第 80 条

（1）学位课程的认证有效期从其生效之日起计最多为 10 年。

（2）某一特定认证的有效期可重复延长。延长认证有效期的程序需符合本法第 79 条的规定。

（3）高等学校可要求延长已获得的学位课程的认证。

（4）在高等学校宣布取消学位课程或获得的认证到期时，学位课程认证失效。高等学校可让学生自行选择是否在同一所或另一所高等学校继续学习相同或相似的学位课程。

第81条

（1）在欧盟成员国中拥有实体、中央管理机构或开展大部分商业活动的法人，或根据欧盟成员国的法律组织，以及开展教学、学术、科学、研究、开发、创新、艺术及其他创造性活动的机构，可以与高等学校一起申请学位课程认证。

（2）除认证申请表外，法人还需具备与高等学校签订的在某学位课程上开展双方合作的协议。该高等学校将对该学位课程进行招生并给毕业生颁发相应的学位。高等教育文凭中还将具体说明是在哪里进行该学位课程的学习。

（3）法人也可以根据本条第1款独立申请学位课程认证。如果认证委员会给出肯定意见，教育青年体育部将邀请高等学校根据本条第2款与法人签署协议后，授予认证。如果高等学校拒绝签署此协议，须在30天内向教育青年体育部和认证委员会说明理由。

（4）符合本条第1款至第3款学位课程的认证申请人须按照本法第79条的规定填写书面申请。

（5）在博士学位课程联合办学的情况下，协议中还将规定在博士学习委员会中的法人和高等学校代表。

第82条

教授资格授予程序与教授任命程序认证：

（1）高等学校或其校内机构若执行某一领域的教授资格授予程序与教授任命程序，须获得教育青年体育部颁发的认证。

（2）高等学校的书面认证申请需含有以下信息：

（a）执行程序的高等学校或其校内机构的名称。

（b）教授资格授予或教授任命的领域。

（c）高等学校或其校内机构在相应领域的教学、学术、科学、研究、开发、创新、艺术或其他创造性活动的信息。

（d）在相应或相关领域，高等学校或其校内机构教授和其他教职员工教学及开展活动的信息。

（e）高等学校或其校内机构科学委员会成员名单。

（3）教授资格授予程序或教授任命程序同样适用于本法第79条第2款和第3款规定。

（4）认证委员会根据本条第2款第c项至第e项审核材料中的信息，对任命教授或副教授申请人的教学和学术、科学或艺术资质做出客观评估，之后公布对此申请的意见。

（5）自收到认证委员会意见之日起30天内，教育青年体育部须做出是否颁发认证的决定。该部还需考虑该公立或私立高等学校的战略规划和活动评估。

（6）对于以下情况，教育青年体育部不会授予认证：

（a）高等学校不能保证以适当的方式执行教授资格授予程序或教授任命程序。

（b）在教授资格授予或教授任命领域或大部分相关课程上，高等学校或其校内机构没有获得博士学位课程认证。

（c）申请中含有不实的且对认证起关键作用的数据。

（d）认证委员会给出否定意见。

（7）在新设立的学习领域，教育青年体育部可以对本条第 6 款第 b 项的规定破例。

（8）教授资格授予程序或教授任命程序的认证有效期自生效之日起最多为 10 年。

第 83 条

认证委员会：

（1）认证委员会由 21 名成员组成。委员会主席、副主席和成员均由教育青年体育部部长提名，由政府任命。在提交提名之前，部长会要求国家高等学校代表机构、研究与发展理事会和捷克科学院推荐候选人，并与这些机构讨论提名。

（2）认证委员会成员任期为 6 年，最多连任 2 届。委员会初次成立时，由政府决定任期将在 2 年内到期的三分之一成员，以及任期将在 4 年内到期的三分之一成员。

（3）认证委员会成员必须是其领域内公认的权威人士。

（4）认证委员会成员不能同时担任校长、副校长或院长职位。

（5）认证委员会成员只能在以下情况下于任期期满前解聘：长期不参加工作，名誉受损，长期不参与认证委员会的工作，或其本人提出解聘请求。

（6）认证委员会成员独立履行职责。

（7）为了确保为会议准备高质量的背景材料，认证委员会可设立咨询工作组，其组成必须符合相关的学位课程类型、模式和学习目标；申请教授资格授予程序与教授任命程序认证时，工作组的人员组成必须与相关认证领域一致。

（8）在政府通过的《认证委员会章程》中规定委员会及其工作组进行讨论的方式。经政府批准的《认证委员会章程》，教育青年体育部必须以适当方式公开。

（9）教育青年体育部为认证委员会提供开展活动的物质材料与资金。

（10）向认证委员会提交的材料须经过教育青年体育部审核。

（11）认证委员会成员及其工作组的活动是为公众利益服务的。他们可以获得工作补贴，并根据特殊规定报销差旅费。

第 84 条

（1）认证委员会关注高等教育的质量，全面评估高等学校的教学、学术、科学、研究、开发、创新、艺术及其他创造性活动。主要通过以下方式达到这些目的：

（a）评估高等学校的活动，认证活动质量，公布评估结果。

（b）按教育青年体育部部长的要求，审查影响高等教育体系的问题，并就这些问题发表意见。

（2）认证委员会就以下问题发表意见：

（a）学位课程认证的申请。

（b）要求授权执行教授资格授予程序和教授任命程序。

（c）公立高等学校学院的建立、兼并、合并和撤销。

（d）法人要求国家授权开办私立高等学校。

（e）高等学校类型的规范性。

第 85 条

（1）一旦认证委员会发现认证活动过程中存在不足之处，将要求高等学校或合作法人在合理时间内进行整改。

（2）学位课程执行过程中，如出现重大问题，认证委员会根据问题的性质向教育青年体育部提出以下建议：

（a）限制认证，包括禁止相关学位课程继续招生。

（b）暂时中止认证，包括禁止举办国家考试和颁发学位。

（c）撤销认证。

（3）如教授资格授予程序或教授任命程序出现重大问题，认证委员会将根据其性质要求教育青年体育部暂时中止或撤销认证。

（4）如果高等学校、其校内机构之一或合作法人出现使认证申请被正当驳回的情况，认证委员会也将要求教育青年体育部撤销认证。

（5）如果本条第 2 款的第 a 项或第 b 项或第 3 款采取措施的理由已被排除，认证委员会将要求教育青年体育部废除这些措施。

（6）在收到认证委员会就本条第 2 款至第 5 款规定提出的建议之日起 120 天内，教育青年体育部将做出决定。

第 86 条

（1）如果暂时中止或撤销学位认证，高等学校必须安排学生选择在同一所或另一所高等学校继续学习相同或相似的学位课程。

（2）教育青年体育部将规定合理的时间让高等学校履行本条第 1 款规定的义务。

第 9 部分　国家行政管理

第 87 条

教育青年体育部的职能：

（1）登记高等学校内部规定。

（2）制定并公布高等学校体制情况年度报告和教育青年体育部战略规划。

（3）讨论与评估公立及私立高等学校战略规划和年度更新计划。

（4）从国家预算（提供给教育系统的资金）中拨出资金给高等学校并监督其使用情况。

（5）按照特殊规定监督公立高等学校的财务管理。

（6）根据本法第 39 条授予国家许可。

（7）做授予学位课程认证的决定，授予相关领域教授资格授予程序与教授任命程序认证。

（8）根据本法第 53 条规定补充考试委员会成员。

（9）按照特殊规定，对入学申请、参加终身学习课程的人员，终身学习课程毕业生和学生注册信息进行收集和使用。在收集、使用这些信息和进行统计分析时，授权使用以下人员的身份证号码：学位课程入学申请人、学位课程被录取人、学位课程学生、中断或完成学位课程的人员，以及参加终身学习课程的人员和终身学习课程毕业生。

（10）依照本法规定，在国家行政工作的框架内管理高等学校。

（11）在高等学校行政诉讼中履行上级行政机关的职责。

（12）根据本法第 37 条、第 38 条、第 43 条和第 85 条规定采取措施。

（13）根据本法 89 条和第 90 条确认取得的国外高等教育文凭。

（14）根据本法第 91 条的规定从国家预算中拨出奖学金和助学金。

（15）为认证委员会的活动提供物质和财政资助。

（16）对本法第 95 条所列问题给予同意或表达意见。

（17）为高等学校及其学院制定章程和其他规定，为制定学生守则和其他规定等提供方法，为图书管理业务、信息系统和国际关系领域信息等提供统计数据。

（18）给予以下人员物质和资金奖励：优秀学生、取得卓越学术成就及在教学、学术、科学、研究、开发、创新、艺术及其他创造性活动中取得优秀成果的学位课程毕业生及其他人员。

（19）根据已公布的本法第 79 条第 1 款第 e 项的意见，通知卫生部授予卫生专业课程认证的决定，同时将认证学位课程信息提交给卫生部。

（20）通过国家预算，从欧洲基金处获取有效的专项财政资助，在其双方已达成协议，通过公开竞争与高等学校就教育活动进行合作的基础上，提供给作为受益人或共同受益人的法律实体。

（21）根据本条第 20 款规定，确定受益人必须向共同受益人提供欧洲基金专项财政资助金额。不得以特殊规定动用专项财政资助。

第 88 条

学生注册：

（1）每所高等学校必须进行学生注册。学生注册用于登记学生信息并为预算和统计提供数据。

（2）学生注册登记学生姓名、身份证号码、婚姻状况和永久居住地；如果是外国学生，还包括出生日期、性别、在捷克的居住地和国籍。

（3）学生注册中的学生信息主要有：

（a）报到日期。

（b）既有学历。

(c)学位课程、学习领域和学习模式。

(d)下学年或半学年的注册。

(e)通过的国家考试和授予的学位。

(f)学业中断情况。

(g)学业终止情况。

数据库中的信息记录结构和技术管理明细由教育青年体育部在与高等学校讨论之后制定。

(4)学生注册簿只能由高等学校授权的员工查看登记;本条第3款第a项和第c项至第g项所列的事件记录必须在相关事件发生后立即进行。与这些事件相关的学生记录和文件属于档案记录;存档以及提供摘要和记录副本都适用于特殊规定。

(5)高等学校可以对可证明合法利益的人员提供学生注册中的相关数据。

第89条

国外高等教育与文凭认证:

(1)按照国外高等学校毕业生的要求,其高等教育或部分高等教育在捷克的认可证明由以下部门发布:

(a)如捷克与建立和承认高等学校的国家签订国际款约,由教育青年体育部按此款约授权给予认证。

(b)其余情况下,由提供相似内容学位课程的公立高等学校给予认证。

(2)如有疑问,由教育青年体育部确定公立高等学校是否具有所需的决定权,就高等教育或部分高等教育认可做出决定。

(3)公立高等学校根据对相关国外高等学校的了解或基于高等教育文凭中注明的知识程度和所需技能,颁发证书。

(4)除按本法与高等学校联合开展的学位课程外,本条第1款至第3款的规定适用于在国外高等学校进行的个人考试。

第90条

(1)由校长决定公立高等学校对国外高等教育和文凭的认证。

(2)这种认证的依据是国外高等学校依法颁发的文凭、证书、类似文件的原件或有法律效力的复印件,或者文凭补充文件、补充材料的原件或具法律效力的复印件,以确认该学位课程是由按本法授权提供高等教育同等教育的高等学校提供的,以及在国外高等学校学习内容的信息。

(3)除非与捷克签订的国际款约另有规定,否则公立高等学校或者教育青年体育部可以要求对原始文件的签章进行核实,由发证的高等学校所在国家的外交部、捷克的相应海外机构或相应大使馆确认签章的真实性。

(4)针对在捷克或欧盟成员国以庇护或辅助保护形式获得国际保护的个人,根据捷克签署的国际承诺,有义务将其视为难民、流亡者或与难民类似情况的人员,根据本条第 2 款规定的文件和本条第 3 款规定,真实性的核实可以由相关个人做的宣誓声明代替,或由相关文件、证件代替。

(5)如果公立高等学校,在本法第 89 条第 2 款规定的情况下,教育青年体育部发现正在比对的学位课程间存在重大差异,则拒绝认证。

第 91 条

奖学金与助学金:

(1)高等学校学生有权获得奖学金与助学金。

(2)在以下情况下可以获得从补贴或分类财政拨款中拨出的奖学金和助学金:

(a)学习成绩优异的学生。

(b)有助于知识强化的优秀教学、学术、科学、研究、开发、创新、艺术及其他创造性活动成果的学生。

(c)根据特殊规定进行的研究、发展和创新活动的学生。

(d)生活困难的学生。

(e)其他值得特别考虑的情况。

(3)本条第 2 款第 d 项给予的助学金也适用于符合特殊规定中的有资格获得儿童抚养费的学生,前提是该抚养孩子的家庭年收入不超过家庭生活水平的 1.5 倍。每学年提供 10 个月标准学时的助学金为 162 万捷克克朗。为符合助学金资格,必须有书面通知,该通知按学生请求,首先由提供儿童资助的社会保障办公室出具,其中说明该抚养孩子的家庭年收入不超过家庭生活水平的 1.5 倍。此类助学金书面通知有效期为从确定该家庭年收入的年底起 21 个月。在特定时期内每个学生只能申请 1 次助学金。

(4)下列情况也可获得从补贴或分类财政拨款中拨出的奖学金和助学金:

(a)出国留学资助。

(b)捷克国内学业资助。

(c)资助博士学位课程学生。

(5)学生的奖学金和助学金由高等学校或学院根据其《奖学金和助学金款例》授予。

(6)考虑到捷克签署的具有约束力的国际款约,本条第 2 款和第 4 款所列的奖学金和助学金按教育青年体育部部长公布的结果为准,由该部颁发。该部还可以向在国外高等学校学习的捷克公民颁发这些奖学金和助学金。

第 10 部分　高等学校代表机构

第 92 条

(1)高等学校代表机构有:

(a)由其代表性学术机构(高等学校委员会)授权的高等学校学术界成员组成的机构。

(b)由高等学校代表组成的机构(捷克大学校长会议)。

（2）各高等学校《章程》详细说明了这些机构的设立程序及其议事规则。

（3）教育青年体育部部长和高等学校代表机构讨论对高等学校产生重大影响的建议和措施。

（4）高等学校代表机构将向教育青年体育部部长提交认证委员会委员资格的建议。

第 11 部分　教学医院

第 93 条

（1）医学、药学、卫生科学领域的临床和实践教学主要在教学医院进行。在这些教学医院也开展学术、科学和研究活动。

（2）有关这方面的详细情况参见特殊规定。

第 12 部分　国防大学和警官学院

第 94 条

（1）国防大学旨在培养专业人才，特别是为军队培养人才。这些院校也对非现役军人开放。

（2）警官学院旨在培养专业人才，特别是培养保安部队人才。这些院校也对非保安部队的学生开放。

第 95 条

（1）国防大学是与国防部相联系的国家组织部分，由国家预算，特别是国防部经费资助。警官学院是国家组织的组成部分，由内政部经费资助；适用于除本法第 14 条、第 15 条、第 17 条第 1 款第 c 项及第 18 条至第 20 条外的第 2 部分的规定。根据本法第 18 条第 2 款的第 a 项、第 b 项和第 5 款，针对非现役军人，并且在保安领域学习学位课程的学生，由教育青年体育部向国防大学提供资源，针对此补贴，国防大学须遵守本法第 18 条第 1 款的规定。

（2）录取现役军人在国防大学就读必须符合国防部的要求。兵役和现役军人就读款项需符合特殊规定。一般来说，国防大学非现役军人学生人数占该校学生总人数的三分之一，每年根据国防部的要求进行现役军人学生的教育。

（3）录取在职警察在警官学院就读需符合内政部的要求。

（4）已经获得至少 1 个博士学位课程的国防大学和警官学院，可以要求获得与公立高等学校合作进行硕士或其他博士学位课程的认证。这些学位课程的共同责任必须在高等院校之间签署的协议中加以界定，其中规定了共同承担的义务。由教育青年体育部和国防部或内政部批准此类协议的签署。

（5）国防大学和警官学院按照保密信息和官方机密的一般规定，公开其学术、科学和研究活动的成果。

（6）国防大学对现役军人学生和其他学生进行登记；此规定同样适用于警官学院登记在职警察学生和其他学生。

（7）对国防部长（针对国防大学）和内政部长（针对警官学院）授权执行以下事项：

（a）向捷克总统对任免校长提出建议。

（b）根据校长的建议，在确定认证委员会的意见后，对建立、兼并、合并或撤销学院做出决定。

（c）确定校长薪资。

（d）执行本法第21条第1款第a项和第b项规定的活动。

（e）向捷克总统提交高等学校科学委员会教授任命的提名。

（f）根据本法第103条第1款，向新成立的高等学校指派官员和官方机构代表，开展高等学校活动。

（8）国防部（针对国防大学）和内政部（针对警官学院）有权行使以下教育青年体育部的职权：

（a）根据本法第36条的规定，在教育青年体育部表达其意见后，登记高等学校内部规定。

（b）分配来自国家预算的财政资源。

（c）监督来自国家预算的财政和物质资源的合法性及有效使用，监管归属捷克所有权的财产。

（d）确定学习费用。

（e）决定是否取消使用专业设备的费用。

（f）决定是否向出国留学的捷克学生和公民颁发奖学金和助学金。

（g）如果此类院校的学生毕业后在一定时间内继续服役或担任警察职务，由相关部门决定是否按照国防部长或内政部长公布的结果，颁发没有列入本法第91条第2款和第4款的奖学金和助学金。

（h）根据本法第53条第3款任命考试委员会额外成员。

（i）依照特殊规定收集和使用学生登记册中的信息。

（j）在行政诉讼中履行高等学校上级行政机关的职责。

（k）根据本法第37条、第38条和第85条采取措施。

（l）执行本法第21条第1款第a项至第c项和第75条及第86条所列的举措。

（m）制定高等学校及其学院章程和其他规定，制定学生考勤，报告数据信息，以及在图书管理业务、信息系统和国际关系领域方面提供方法。

（9）军事科学领域的国防部和保安服务领域的内政部，在关于认证国外获得的高等教育文凭问题上，根据本法第89条和第90条规定，履行高等学校和教育青年体育部的职责。

（10）本法第77条规定适用于被聘为国防大学学术人员的现役军人，以及被聘为警官学院学术人员的在职警察，军人身份保持不变。

（11）除非另有特殊规定，否则捷克国防大学现役军人学生和警官学院在职警察学生应遵守本法规定。

（12）如果不再符合现役军人特殊规定的款项，国防大学现役军人学生的学业可以被终止。

（13）根据本法第78条至第82条和第85条对国防大学做关于认证的决定之前，教育青年体育部会听取国防部的意见。如果决定涉及警官学院，则听取内政部的意见。

第13部分　捷克全国委员会高等学校1992年第586号所得税法的修订和补充

第96条

有关所得税的捷克全国委员会1992年第586号法案修订案；根据捷克全国委员会高等学校1993年第35号法案、第96号法案、第157号法案、第196号法案、第323号法案；高等学校1994年第42号法案、第85号法案、第114号法案、第259号法案；高等学校1995年第32号法案、第87号法案、第118号法案、第149号法案、第248号法案；高等学校1996年第316号法案；高等学校1997年第18号法案、第151号法案、第209号法案、第210号法案和第227号法案，做出以下修订：

（1）本法第4条第1款第k项，在"预算"之后插入"和来自公立高等学校的资源"。

（2）本法第18条，在第4款之后插入以下措辞的新第5款：

"（5）在纳税人为公立高等学校的情况下，所有收入均须缴纳税款，但以下情况除外：

"（a）投资转移收益。

"（b）活期账户存款利息。"

（3）至此，在本法第18条中，第5款至11款现已确定为第6款至12款。

（4）本法在第18条第7款中，在"公益组织"之后插入"公立高等学校"。

第14部分　已废除

第97条

已废除。

第15部分　共同、临时和最终款项

第98条

（1）根据目前的规定，高等学校本科自学部分、本科或研究生的学习领域以及列入这些高等学校章程中的学习领域，成为本法的学位课程。符合以下款项者，可获得相关学位课程的认证：

（a）高等学校1990年第172号法案第21条所列的本科学习的自学部分纳入本法学士学位课程。

(b)高等学校1990年第172号法案第18条所列的本科学习纳入本法硕士学位课程。

(c)高等学校1990年第172号法案第22条所列的研究生学习纳入本法博士学位课程。

(2)本法第46条第5款授予学位的职权仅适用于由教育青年体育部根据高等学校1990年第172号法案第41条授权给提供研究生学业的高等学校和学院。

(3)高等学校和学院的原执行教授资格授予和教授任命程序的授权于1999年7月1日到期。如果校长根据第82条第2款在该日期之前向教育青年体育部提出继续行使该职权的请求,则在教育青年体育部做出终止决定前,原执行教授资格授予和教授任命程序的授权将继续有效。

第99条

(1)根据高等学校1990年第172号法案,授予的博士学术/科学学位以及学士学位纳入本法的博士学位和学士学位。

(2)根据高等学校1990年第172号法案第21条,授予高等技术院校建筑领域毕业生的"工程师"学位将被"工程建筑师"学位取代。高等学校将应要求颁发变更后的证书。

(3)根据高等学校1990年第172号法案第21条,授予高等艺术院校自学本科毕业生的"学士"学位将被"艺术学士"学位取代。高等学校将应要求颁发变更后的证书。

(4)根据高等学校1990年第172号法案第21条,授予高等艺术院校本科毕业生的"硕士"学位将被"艺术硕士"学位取代。高等学校将应要求颁发变更后的证书。

(5)根据高等学校1990年第172号法案第21条第2款和第43条第2款,授予高等学校毕业生的"硕士"学位,除第9款所列毕业生外,还可以参加同一学习领域的高级硕士国家考试,并根据本法第46条第5款规定取得学位。

(6)根据高等学校1990年第172号法案第21条第2款,授予大学类型经济学领域"硕士"学位的高等学校毕业生,可要求将此学位更换为"工程师"学位。高等学校将应要求颁发变更后的证书。

(7)根据高等学校1990年第172号法案第21条第2款,相关学位规定也适用于在本法生效之前完成学业的国防大学毕业生。前提是这些毕业生按原规定没有获得学术学位或其他高等学校毕业生学位。高等学校将应要求颁发学位证书。

(8)第7款规定不适用于国防政治学院毕业生。

(9)根据高等学校1990年第172号法案第21条第2款、第43条第2款和第22条,授予"硕士"学术学位和"博士"学术/科学学位的研究生毕业生,可根据本法第46条第5款授予相应学术学位。高等学校将应要求颁发学位证书。

(10)根据高等学校1990年第172号法案第22条,授予"博士"学术/科学学位的研究生毕业生可向高等学校提出申请,将缩写"Dr."替换为缩写"Ph. D."或神学领域的"Th. D."。高等学校将应要求颁发学术/科学学位名称缩写变更后的证书。

(11)根据高等学校 1990 年第 172 号法案第 22 条的规定,对完成学业的医学和兽医学研究生毕业生授予"博士"学术学位。高等学校将应要求颁发学位证书。

第 100 条

(1)在本法案生效之后,授予"在读研究生"学位的研究生学习课程不再开放。根据原规定开始学习这些课程的人员可在 2001 年 12 月 31 日之前完成论文答辩,依照规定完成学业。

(2)本法第 100 条第 1 款提及的研究生可申请博士课程学习。根据他们在读研究生课程的学习和通过的考试评估做出录取决定。

第 101 条

(1)《高等学校 1998 年第 111 号法案》附表 1 中的查理大学,帕拉茨基大学,捷克工业大学,奥斯特拉发工业大学,布拉格美术学院,布尔诺工业大学,布尔诺兽医学与药物科学大学,马萨里克大学,布尔诺孟德尔农林大学,布拉格表演艺术学院,布拉格艺术、建筑与设计学院,布尔诺亚纳切克音乐与表演艺术学院,帕尔杜比采大学,布拉格化学技术学院,捷克生命科学大学,利贝雷茨工业大学,布拉格经济大学,赫拉德茨-克拉洛维大学,捷克布杰约维采南波希米亚大学,奥斯特拉发大学,奥帕瓦西里西亚大学,拉贝河畔乌斯季扬·埃万盖利斯塔·普尔基涅大学,皮尔森西波希米亚大学,托马斯拔佳大学,伊赫拉瓦理工学院,捷克布杰约维采技术与商务学院为公立高等学校;《高等学校 1998 年第 111 号法案》附表 2 中的捷克共和国国立高等学校,捷克共和国国防大学,捷克共和国警官学院为国防大学和警官学院。

(2)本条第 1 款所列的高等学校必须在 1999 年 7 月 1 日前提交其依照本法修改的内部规定并进行登记。

(3)本法不影响学术官员选举或任用,以及任期的有效性。

(4)在本条第 1 款中所列高等学校截至 1999 年 1 月 1 日前注册的学生为符合本法规定的学生。高等学校必须在 1999 年 3 月 1 日之前将这些学生录入学生登记册。

(5)截至 1999 年 1 月 1 日,本条第 1 款中所列高等学校截至该日期的国有资产管理权交给教育青年体育部。与公立高等学校讨论后,教育青年体育部可以决定将资产转让给有关的公立高等学校;如在执行认证学位课程中需要使用该资产进行教学、学术、科学、研究、开发、创新、艺术及其他创造性活动,教育青年体育部根据公立高等学校的要求做决定。决定必须具体说明公立高等学校的名称、地址、被转让财产的分类清单,以及与该资产有关的负债、该资产及其负债转入公立高等学校的日期。决定不适用于行政诉讼的一般规定。

(6)教育青年体育部根据本条第 5 款截止到 1999 年 1 月 1 日获得管理权的资产,以及公立高等学校的自主资产不适用于破产及其决议的一般规定。

(7)本条第 1 款中所列高等学校截止到 1999 年 1 月 1 日,其校内学院的权利和义务将转交给相关的高等学校。

第 102 条

按照原规定授予高等学校毕业生的学术学位、专业学衔以及其他学位,除本法第99条所列的之外,均保持不变。根据原规定授予的"在读研究生"学位和"科学博士"学位保持不变。

第 103 条

(1)新成立的公立高等学校、国防大学和警官学院最迟必须在2年内确定其官员和官方机构。必要时第7条中规定的官员和官方机构的职权由教育青年体育部部长指定的人员行使,直到上述高等学校完成官员选定和官方机构组建。

(2)新成立的学院最迟必须在1年内组建其官员和官方机构。必要时第25条中规定的官员和官方机构的职权由校长指定的人员行使,直到上述学院完成官员选定和官方机构组建。

(3)对于新成立的高等学校机构,必要时第34条中规定的官员和官方机构的职权由校长指定的人员行使,直到上述机构完成官员选定和官方机构组建。

第 104 条

本法第83条的认证委员会成员、主席和副主席的职权根据高等学校1990年第172号法案第17条,在这些人员受到任命之前,由捷克政府法令高等学校1990年第350号法案成立的认证委员会成员执行。

第 105 条

除非本法另有规定,否则涉及本法规定事项的诉讼适用于行政诉讼的一般规定。

第 106 条

除非违反了对捷克具有约束力的国际协定,否则本法的规定照常行使。

第 107 条

截至1999年12月31日,公立高等学校的资产必须按本法规定引进。

第 108 条

撤销的规定:

(1)撤销高等学校1993年第216号法案第1条的第5款、第8款、第9款以及高等学校1990年第172号修订和补充法案。

(2)撤销以下款:

(a)关于对新进研究人员和进一步提升研究人员资质教育的高等学校1997年第39号法案第33条的第41款、第43款和第45款。

(b)高等学校1993年第216号法案中关于高等学校1990年第172号法案的提法。

(c)关于警官学院以及成立警察学院的高等学校1992年第232号法案。

(d)捷克全国委员会高等学校1993年第26号法案第6条、内部秩序和安全领域的修订和补充特别法案和有关规定。

(e)关于认证委员会的捷克政府的高等学校 1990 年第 350 号法案。

(f)教育文化部法规中高等学校 1961 年第 96 号法案,颁布了布拉格和布拉迪斯拉发本科经济学院国家经济规划研究所章程,经教育文化部法规高等学校 1963 年第 31 号法案修订。

(g)捷克科学院法规中高等学校 1977 年第 55 号法案,关于进一步提升研究人员资质和对创新能力评估的规定。

(h)捷克科学学位委员会高等学校 1979 年第 144 号法案,关于博士论文(为授予"在读博士"学位)及捷克和斯洛伐克公民在经济互助委员会成员国博士学位论文答辩的规定。

(i)捷克教育青年体育部法规中高等学校 1980 年第 114 号法案,关于给予就读高等学校的中等职业寄宿学校毕业生奖学金和补助的规定。

(j)捷克教育青年体育部的高等学校 1985 年第 60 号法案,关于高等学校在校生和毕业生为获得教学资格而进行补充学习的规定。

(k)捷克教育青年体育部的高等学校 1985 年第 61 号法案第 9 条,关于教学人员继续教育的规定。

(l)捷克教育青年体育部的高等学校 1990 年第 365 号法案,关于向捷克教育青年体育部管辖的高等学校颁发奖学金的规定。

(m)捷克教育青年体育部的高等学校 1990 年第 447 号法案,关于副教授资格以及教授任命款项和程序的规定。

(n)捷克教育青年体育部的高等学校 1990 年第 476 号法案,关于对国外高等学校颁发的文凭及其他学业文件给予认可的规定(验证款例)。

(o)捷克教育青年体育部的高等学校 1991 年第 41 号法案,关于高等学校学生为出国留学寄出的材料和资金的规定。

(p)捷克教育青年体育部的高等学校 1991 年第 67 号法案,经教育青年体育部的高等学校 1995 年第 110 号法令修订的关于授予研究生课程学生奖学金的规定。

(q)捷克教育青年体育部关于高等学校学生在实习期间的财务指令,参见 1969 年 5 月 30 日发布的 19 261/69－Ⅲ/5 文件,登记号为 30/1969,该文件根据捷克教育青年体育部 1970 年 3 月 10 日发布的 19 261/69－Ⅲ/5 的指令做出修订,登记号为 10/1970。

(r)捷克教育青年体育部关于学生公寓住宿生的指令,参见 1982 年 7 月 20 日发布的 20 797/82－34 文件,登记号为 17/1982。

(s)捷克教育青年体育部关于在高等学校开设、撤销与经营学生食堂和餐厅的指令,参见 1982 年 7 月 20 日发布的 20 797/82－34 文件,登记号为 17/1982,该指令根据捷克教育青年体育部 1985 年 7 月 16 日发布的 15 330/85－34 的指令做出修订,登记号为 19/1985。

（3）撤销以下款：

（a）高等学校 1964 年第 53 号法案，关于颁发科学学位和国家委员会科学学位的规定。

（b）1977 年第 39 号法案，关于新进研究人员教育和进一步提高研究人员的资格的规定。

（c）捷克科学院法规中高等学校 1977 年第 53 号法案，关于新进研究人员教育和研究奖学金的规定，此规定根据捷克科学院法规的高等学校 1986 年第 5 号法案做出修订。

（d）捷克科学院法规中高等学校 1977 年第 54 号法案，就科学教育参与者的就业和法律关系、研究奖学金和奖学金的颁发做调整的规定，此规定根据捷克科学院法规中高等学校 1979 年第 40 号、1988 年第 125 号以及 1992 年第 393 号法案做出修订。

（e）捷克科学学位委员会法规中高等学校 1977 年第 64 号法案，关于授予科学学位程序的规定，此规定根据捷克科学学位委员会法规的高等学校 1990 年第 187 号法案做出修订。

第 109 条

法律效力：

本法案于 1998 年 7 月 1 日起生效，但第 1 条至第 82 条、第 84 条至第 99 条、第 101 条至第 107 条和第 108 条第 2 款的规定于 1999 年 1 月 1 日起生效，第 108 条第 3 款将于 2001 年 12 月 31 日起生效。

临时规定

关于高等学校 2001 年第 147 号法案，修订了高等学校 1998 年第 111 号法案，涉及高等学校和一些相关规定修订法案，已由高等学校 2000 年第 210 号以及 1991 年第 451 号法案做过修订。新法案确定了捷克国家机构和组织中某些职位的先决款项，于 2001 年 7 月 1 日起生效。

（1）根据现行《高等教育法》授予的学习课程认证不受本法影响。但是，申请入读认证硕士学位课程的人员，入学截止日期为 2003 年 12 月 31 日，在本期限之前，校长或代表机构可行使校长职权，根据现行高等教育法第 79 条或第 80 条第 2 款向教育青年体育部提出认证或认证延期申请。如果提出申请，在教育青年体育部做出相关决定之前授予的认证依然有效。

（2）最迟在 2002 年 12 月 31 日之前，根据现行的《高等教育法》，可以完成在本法生效前的教授资格授予和教授任命程序。

高等学校 2004 年第 96 号法案，关于获得和认可执行非医疗保健专业资格以及根据一些相关规定的修订进行有关医疗保健活动的款项。（非医疗保健专业法）

高等学校有义务在 2003 年 12 月 31 日之前向教育青年体育部提交普通护士培训

专业学士和硕士学位课程、助产士培训专业学士学位课程认证申请。新学位课程的内容和范围必须符合特殊法律规定和欧共体法律规定的最低要求。授予这些新的学位课程认证的日期，最迟截止到 2004 年 9 月 1 日，授予现行的学士学位课程认证作废，这些课程由新的普通护士培训专业学士学位课程和新的助产士培训专业学士学位课程取代。

高等学校 2004 年第 121 号法案对高等学校 1966 年第 20 号法案做出修订。

（1）高等学校应在本法生效后 30 天内向教育青年体育部提交牙科医学硕士学位课程认证申请（以下简称"牙科医学新学位课程"）。牙科医学新学位课程的内容和范围必须符合特殊法律规定和欧共体法律规定的最低要求。牙科硕士学位课程招生的最后 1 个学年是 2003—2004 学年。在 2004—2005 学年，学生只能入读牙科医学新学位课程。入读牙科硕士学位课程的学生可以依照牙科医学新学位课程完成学业。

（2）高等学校应在本法生效后 30 天内向教育青年体育部提交药学硕士学位课程认证申请（以下简称"药学新学位课程"）。药学新学位课程的内容和范围必须符合特殊法律规定和欧共体法律规定的最低要求。药学硕士学位课程招生的最后 1 个学年是 2003—2004 学年。在 2004—2005 学年，学生只能入读药学新学位课程。现行药学硕士学位课程的学生可以依照药学新学位课程完成学业。

（3）高等学校应在本法生效后 30 天内，向教育青年体育部提交普通护士培训专业学士学位课程和助产士培训专业学士学位课程的认证申请（以下简称"新学位课程"）。新学位课程的内容和范围必须符合特殊法律规定和欧共体法律规定的最低要求。现行的普通护士培训专业和助产士培训专业学士学位课程招生的最后 1 个学年是 2003—2004 学年。在 2004—2005 学年，学生只能入读新学位课程。现行普通护士和助产士培训专业学士学位课程的学生可以依照新的学位课程完成学业。

高等学校 2005 年第 552 号法案，修订高等学校 1998 年第 111 号法案、高等教育法、修订后的若干其他法案。

（1）法人在 2007 年 12 月 31 日前确保其名称符合本法规定。

（2）在本法生效之前，由公立高等学校或公立高等学校内部机构依照现行的《高等教育法》执行的合法行为不受本法影响。

（3）在本法生效之前，高等学校依照现行的《高等教育法》确定的学习费用标准不受本法影响。

（4）对于本法生效之日起实施的学习课程、颁发认证时所授予的最长有效期的认证和获得没有额外限制款项的认证，如果高等学校在本法生效后 2 个月内以书面形式提交申请，则教育青年体育部将根据本法适当延长这些课程认证的有效期。

（5）特定领域内的教授资格授予程序和教授任命程序不受本法影响。这些领域的认证将于 2015 年 12 月 31 日到期。

（6）在本法生效前任命校长或院长的人事任命视为符合新的法律规定。但是，本法生效前的这些职位的任期须符合现行法律规定。

高等学校 2006 年第 624 号法案,对高等学校 2004 年第 561 号法案有关学前、基础、中等、高职和其他教育(教育法)的规定,以及高等学校 1998 年第 111 号法案有关高等学校的规定进行修订。

本法对高等学校 1998 年第 111 号法案关于高等学校和若干相关规定(高等教育法)的修订首次应用于 2006 年的预算年度中。

高等学校 2009 年第 110 号法案,修订了高等学校 2002 年第 130 号法案有关公共资金研究与开发的支持和若干相关修订案的规定、研究与开发支持法案及其他已修订的相关法案。

在本法案生效之前已协商好的学术人员的工作开始、持续时间、变更和终止均须遵守现行法律规定。

有效性

高等学校 2000 年第 210 号法案,修订了高等学校 1998 年第 111 号法案有关高等学校和若干相关修订案的规定,于 2000 年 9 月 1 日起生效。

高等学校 2001 年第 147 号法案,修订了根据高等学校 2000 年第 210 号法案做出修订的高等学校 1998 年第 111 号法案有关高等学校和若干相关修订案(高等教育法)的规定,以及高等学校 1991 年第 451 号法案有关确定捷克国家机构和组织中某些职位的先决款项,于 2001 年 7 月 1 日起生效。

高等学校 2003 年第 362 号法案,关于对通过保安部队成员服务关系法的修订,于 2005 年 1 月 1 日起生效。

高等学校 2004 年第 96 号法案,关于获得和认可执行非医疗保健专业资格以及根据若干相关规定的修订进行有关医疗保健的活动的款项(非医疗保健专业法),于公布次月第 1 天起生效,除了第四部分第 85 条第 4 款和第 5 款、第 95 款和第 101 款,在捷克加入欧盟的协议生效之日(2004 年 4 月 1 日)起生效。

高等学校 2004 年第 121 号法案对 1966 年法案第 20 款关于关注人民健康、1992 年第 160 号法案关于非政府健康设施、1998 年法案第 111 号关于高等学校和对相关法案进行修订(高等教育法案),1992 年第 368 号法案关于管理费法案,自公布之日起第 30 天(2004 年 4 月 18 日)生效。

高等学校 2004 年第 436 号法案第 LVI 款(高等学校修正案),对通过《就业法》的若干法律进行修订,自公布之日起第 3 个月的第 1 天(2004 年 10 月 1 日)生效。

高等学校 2004 年第 473 号法案,修订了有关高等学校、若干相关修订案(高等教育法)的规定,于公布之日(2004 年 8 月 24 日)起生效。

高等学校 2004 年第 562 号法案,修订了有关通过《教育法》的法案,于 2005 年 1 月 1 日起生效。

高等学校 2005 年第 342 号法案,修订了若干有关通过《公立研究所》的法案,自公布之日(2005 年 9 月 13 日)起生效。

高等学校 2005 年第 552 号法案，修订了有关高等学校和若干相关修订案（高等教育法）的规定及高等学校 1998 年第 111 号法案及若干其他法案，于公布的次月第 1 天（2006 年 1 月 1 日）起生效。

高等学校 2006 年第 161 号法案第 5 条，修订了有关在捷克境内的外国人居住权和若干相关修订案的规定以及若干其他法案，自公布之日（2006 年 4 月 27 日）起生效。

高等学校 2006 年第 165 号法案第 7 款，修订了有关政治庇护的高等学校 1999 年第 325 号法案和有关捷克警察的 1991 年第 283 号法案（修订为《政治庇护法》），自 2006 年 9 月 1 日起生效。

高等学校 2006 年第 310 号法案，修订了用于捷克国防和安全目的的管理对象的法案和若干其他修订法案（《管理安全性材料法案》），自 2006 年 7 月 1 日起生效。

高等学校 2006 年第 624 号法案，修订了有关学前教育、基础、中等、高等职业及其他教育的高等学校 2004 年第 561 号法案（《教育法》）和有关高等学校的高等学校 1998 年第 111 号法案，自 2006 年 12 月 30 日起生效。

关于公共财政稳定性的高等学校 2007 年第 261 号法案第 63 条，于 2008 年 1 月 1 日起生效。

关于破产及其解决方案的高等学校 2007 年第 296 号法案修订案和若干相关法案（《破产法》）第 66 条，于 2008 年 1 月 1 日起生效。

高等学校 2008 年第 189 号法案第 25 条，于公布后的次月第 1 天起（即 2008 年 7 月 1 日）生效。

高等学校 2006 年第 624 号法案，修订了有关公共资金对研究和开发的资助以及若干相关修订法案的高等学校 2002 年第 130 号法案（《研究与开发资助法》）以及其他相关法案，除第二部分第 13 条于 2010 年 1 月 1 日起生效外，其他自 2009 年 7 月 1 日起生效。

捷克高等学校学术、科学、研究、开发、创新、艺术及其他创造性活动战略规划(2011—2015)

简介

有关高等学校和一些相关规定修订法案(高等教育法)高等学校 1998 年第 111 号法案(以下简称"本法"),在第 18 条第 3 款和第 87 条第 2 款中规定,教育青年体育部(以下简称"部")有义务每年更新和发布高等学校学术、科学、研究、开发、创新、艺术及其他创造性活动战略规划。该战略文件以及高等学校战略规划和本法第 18 条第 3 款和第 5 款所述的其他要素对于确定国家预算的业绩和补贴水平至关重要,据此,它有利于高等学校的进一步发展和为获得资助创造透明和可预测的环境。"2011—2015 年度高等学校学术、科学、研究、开发、创新、艺术及其他创造性活动战略规划"(以下简称"部战略规划")重点介绍了现代高等学校在苛刻的、竞争激烈的全球环境中经营的主要原则。其主要任务是:

- 评估该部原战略规划的优先事项和目标的实施情况(2006—2010)。
- 预测影响捷克高等教育制度的主要趋势。
- 制定 2011—2015 年高等教育的战略目标。
- 确定实现这些目标的主要手段和方法。

高等院校可以借鉴该部的战略规划,制定自身的 2011—2015 年战略规划,与 2011 年更新计划一起于 2010 年 10 月 1 日之前提交该部,一式三份。公立高等学校同样需要在此日期前提交发展计划。

该部战略规划遵循捷克和欧洲关于教育和科学政策的重要战略文件。

作为国家文件,它主要建立在原执行 2006—2010 年度战略规划目标及其年度更新计划的评估基础上。此外,我们提交的文件考虑到战略材料(特别是"国家注释经合组织、高等教育白皮书""捷克共和国终身学习战略")中所载的专家建议,以及作为高等教育领域个别国家项目(INP)的一部分而制订的该部的改革计划。《2009—2015 年国家研究、实验开发与创新政策》是关于研究、实验开发和创新的关键文件,它是捷克研究、开发和创新改革理论支撑的一部分。作为国际性文件,该部的战略规划首先要遵循博洛尼亚进程的主要文件,特别是高等教育部长相关往来信件和其他文件(例如《里斯本欧洲地区高等教育文凭认可公约》)要求。战略规划同样反映了欧洲在研究、实验开发与创新领域的发展。此外,委托开展了几项专家研究,并在制定该部战略规划过程中作为背景材料使用。

通过这些文件确定该部战略规划的战略目标,以及:

- 摒弃高等教育体系中的缺陷。
- 消除潜在风险。
- 抓住机遇。
- 提升优势。

该部战略规划的主要目标是使高等学校的重心从数量到质量发生根本性的转变,这种变化应该涉及高等学校的所有主要职能。该部将通过这个战略规划的优先事项来支持这个转变。引入有效质量变化的主要前提是高等教育体系的多元化。因此,必须把质量定义为一个多维类别,并且必须相应地规定各优先事项内的目标:

- 总体目标来自捷克和欧盟的一般优先事项,不管个别高等学校的具体性质如何,该部将全面推行。

例如:保障侧重于专业化教育的研究型大学和非大学类型高等学校的社会公平性。

- 具体目标为次重点。各个高等学校的实施方式可能根据高等学校不同使命、角色和具体优先事项而有所不同。

例如:顶尖的研究不必是从长远来看的以终身学习、区域功能,或者是以创造性的艺术活动为重心的高等学校的相关目标。

执行该部战略规划的优先事项的进程涉及该部和高等学校。由于这些主要执行者的作用不尽相同,因此也可以用不同的方式来实现具体目标。

事关教育青年体育部:

- 该部认为资金是监管和发展高等教育体系的主要手段之一。资金规定和原则不仅要反映出高等教育政策中国家的战略重点,而且要成为高等教育从数量向质量转变以及多元化发展的主要推动力之一。因此,该部的战略规划列出了制定预算的主要原则,这些预算在更新和实施中将逐步详细制定,以支持执行优先事项。

- 系统性的手段首先包括作为竞争力教育实施计划(以下简称"ECOP")一部分的高等教育和研究、实验开发和创新领域的个别国家项目,标为优先事项(高等教育制度框架和研究与开发领域的人力资源开发)。目前正在进行以下项目:高等教育改革项目和高等教育资格框架、高等教育机构和研发机构有效管理的系统支持(EFIN)、技术和科学领域支持(PTPO)、有效的知识转移(EFTRANS),捷克研究、开发和创新领域国际审计(RDI 的国际审计),以及在战略文件中的执行结果。另一个名为《高等教育质量评估》的项目正在筹备当中。

- 大专院校的改革工作将得到两项筹备中的新法规的支持:高等教育法和学生财政资助法。

- 实施计划(ECOP)和创新运营计划研究与开发(RDIOP)的协调是属于系统性质的,目的是确保其效率和协同效应由受益人使用——尤其是高等学校、研究机构和发展创新中心。

- 为满足当前需要,该部目前使用的现有手段(如注册-SIMS)将被保留和创新。

事关高等学校:

- 综合分析高等学校的优势和劣势,以制定其战略格局。

- 据此分析,应确定个别对象和目标,以及为达到这些目标而使用的具体手段和方法。例如:内部规定变更、在相关方案中推进项目等方面支持发展等。

- 在起草部战略规划时,几大发展趋势,尤其是政治和经济趋势仍不明朗。因此,相对目前而言,年度更新将发挥更重要的作用,因为它们将更灵活地为应对国家和国际舞台上的动态发展创造机会,以及能使高等学校更详细地制定局部性目标。2011 年战略规划更新则是局部性文件。

一、优先设置的基础

实现高等教育进一步发展的主要优先事项和目标,以及更加强调高等学校所有职能的执行质量,必须考虑到对捷克高等教育体系运行影响重大的主要量性和结构性趋势。

(一)学生数量

2000 年以后,捷克新生注册量在发达国家中名列前茅。与"国际教育标准分类法(ISCED)"5B 类课程(大专院校)相比,"国际教育标准分类法(ISCED)"5A 类(高等教育机构)高等学位课程的增长更显著。捷克高等教育首次入学人数比例平均同比增长是经济合作与发展组织平均水平的两倍多。经济合作与发展组织 2009 年报告(说明 2006—2007 年度的数据)显示,捷克的学生人数在国际上的排名发生重大变化,这是由于自 20 世纪 90 年代中期以来,捷克学生实际在校人数持续增加,同时 19 至 21 岁的学生人数减少。

在 2006—2007 年度,近 75 000 名学生首次入读高等学校(含公立和私立)的"国际教育标准分类法"5A 类高等学位课程,占相关年龄组的 54%(2000 年低于 25%)。还有 11 000 名学生参加了"国际教育标准分类法"5B 类的专业课程,即相关年龄组的 8.5%。当我们排除掉首次在高等学校注册但之前已就读大专院校课程的学生(反之亦然)——即"双重"注册后,按照经济合作与发展组织的计算方法,得出捷克高等教育首次入学数据是相关年龄组的 60%左右,捷克参加"国际教育标准分类"5A 类高等学位课程的学生人数比例早在 2006—2007 年度就达到了欧盟发达国家(EU-19)的平均水平,超过了德国、奥地利和瑞士(具有类似教育传统的国家,更重要的是,它们有着类似的侧重技术与职业培训的中等教育结构)。

2009—2010 学年,获得的数据显示出巨大的变化。高等教育首次入学的学生总数超过 95 000 人。高等学校首次入学人数增加了 15 000 多人(其中公立高等学校占 58%,私立高等学校占 42%),而高等职业院校首次入学人数则下降了近 1 000 人。因此,2009—2010 年度,19 至 21 岁年龄组首次入学 ISCED 5A 类课程的人数比例上升至 61.5%,学习 ISCED 5B 类课程人数比例下降至 7.5%。即使我们扣除了 5A 类和 5B

类课程中预测的"双重"入学人数(约两个百分点),很明显,相关年龄组中有三分之二以上在 2009—2010 年度首次攻读高等教育课程。

2009 年的数据显示,超过 80％的学士学位课程毕业生继续学习硕士课程,因此绝大多数高等教育毕业生拥有硕士学位。这也是自引进结构性学习以来,学生的高等教育平均学时没有减少反而增加的原因之一。

此外,学生人数的迅速增长给高等教育带来挑战,高等学校需做出调整,为不同背景、生活经历、学习能力、动力、愿景和目标的广大考生提供合适的教育机会。

由于人口变化,在未来 10 年 19 至 21 岁的年龄组数量将会锐减。这将对高等教育的量性发展产生重大影响。

(二)院校发展

随着学生数量的增多,近几年来,捷克高等院校得到持续发展,尤其体现在私立高等学校上。2006 年至 2009 年,共设立了 10 所私立高等学校,同时 4 所私立高等学校停业——其中 2 所并入现有的公立高等学校,1 所经国家批准被撤回,1 所是其唯一的学习课程认证被撤销。有 3 所私立高等学校转变为大学型高等学校也是重要变化之一。

在公立高等学校中,各学院发展数量较多。虽然在本报告审查期间,仅设立了 1 所非大学型公立高等学校,即 2006 年之后的布德韦斯技术与商业学院,但是有 17 所学院通过独立高等学校改造或将现有学院的几个系编入学院而成立。

近年来,公立和私立高等学校除主校区以外的学院分院数量也有了极大增长。据教育青年体育部 2009 年秋季进行的调查,16 所公立高等学校共有 61 个分院,18 所私立高等学校共有 43 个分院。不少分院设立在以往没有任何学术基础的地方,这可以被理解为高等教育区域化的另一个阶段。当这些学校申请列入高等学校 2005 年第 322 号法案附件 3 时,教育青年体育部才对这类学校有大致了解。截至 2010 年 1 月 1 日,上述附件涵盖 12 所在捷克办学、提供高等教育课程或国外高等学校学习领域的教育机构。

(三)劳动力市场的教育需求发展

捷克高等教育毕业生在劳动力市场长期保持良好的发展势头,其就业前景和职位目前优于大部分西欧国家同等资质的毕业生。从国家(增加税收形式)和个人层面来看,高等教育费用的投资回报率快速回升。具有高等教育背景的人与教育程度较低的人相比,失业率较低。他们花更少的时间寻找到首份工作,获得更高的工资、更好的社会地位和更多的工作安全感,总之,他们的工作满意度更高。

这是由几方面的原因构成的。首先,由于历史情况,成年人中接受过高等教育人数相对较少,劳动力市场的竞争比欧洲其他国家高等教育毕业生的竞争要温和得多。其次,近年来,特别是加入欧盟以来,捷克劳动力市场发展和变化相当快速,大大有利于受过教育的年轻人。高等学校毕业生理所当然地从中受益,他们的地位和劳动力市场就业前景仍然好于西欧大多数国家的高等学校毕业生。除了上述两个原因,还有必要补充说明的是,高等教育质量和实用性的平均水平仍然令人满意,有助于毕业生就业水平的提高。

但是,研究表明,高等院校毕业生在就业能力和就业前景方面存在显著差异。这些差异在某种程度上是由外在因素造成的,如被录取者的能力或毕业生所进入的地区劳动力市场的情况。即使如此,某些差异也与高等学校运作有关,如学生学习领域的衰竭、学习模式和内容、教学工作的标准和整体学习氛围等。只有对毕业生从教育到劳动力市场的过渡进行定期深刻的分析和评估,才能更关注现有的劳动力市场的瓶颈和风险,缓解与高等教育毕业生就业有关的问题。

　　在进行中长期思考时,有必要将劳动力市场的高等学校毕业生人数的发展动态与经济中相应的职业发展进行比较。由于高等教育系统的扩大,高等教育毕业生目前是离开教育系统的最大群体(而且其中大部分人拥有硕士学位)。然而,我们不能认为在就业结构中也会发生类似的动态变化。这就是为什么与欧洲其他大多数国家情况一样,具有高等教育背景的人与教育程度较低的人员的职位将开始逐渐接近(相对而言会恶化)。相比目前,高等教育毕业生往往会成为失业大军中的一员或做与他们的资质不相符的工作。

　　欧盟广泛计划的预测初步结果显示,到2020年,捷克的工作岗位和就业人数与2008年相比将减少3％以上,在13万到15万人之间。这将主要影响需要中等教育,甚至是基础教育学历的工作岗位。尽管总体下降,但高等学校毕业生就业岗位仍将在未来几年内继续增加。预测显示,到2020年,捷克为高等教育人员指定的就业岗位数量将比2008年增加近20％(大约15万个)。同期,近25万拥有高等教育学位的人将退出劳动力市场(主要是退休),从而提供了更多的要求同等资质的工作岗位。总体而言,在2020年,为高等教育人员提供的工作岗位约占所有工作岗位的20％。

　　捷克高等教育毕业生就业岗位数量增长最多的将是教育、医疗保健和社会工作的岗位。预计市场行业(特别是物业、商业服务、研究和开发以及部分金融和保险行业)拥有高等教育学历的就业人数也将大幅增加。尽管就业岗位总数总体下降,但高等教育毕业生在第二和第三产业就业岗位数量将略有增加。在绝对数量上,最低的增长数据将出现在第一产业。

　　工作只是劳动力市场的需求方,同样重要的是填补这些工作的供应方。由于过去10年高等教育的发展,到2020年,在捷克劳动力市场上将有大约四分之一的人具有高等教育文凭。这些人将大约占劳动人口的25％,但只有20％的工作会指定给他们。这意味着具有高等教育学历的人数要比现有就业岗位多。因此,具有高等教育文凭的人员将逐渐开始填补目前由较低教育水平的劳动力提供的部分工作岗位——特别是高中学历寻找首份工作的应届毕业生将更加受到这一发展趋势的影响。

　　更重要的是,高等教育学历人员就业所产生的问题涉及他们的学历与就业岗位之间的匹配,各行各业均有不同。到2020年,高等教育毕业生人数最多的是商业学科(商业和经济学位毕业生在高等教育毕业生总数中的占比将从16％上升到20％左右)和民政服务行业。这些毕业生在寻找合适工作的时候会面临更多困难。与此不同,具有技术文凭的毕业生人数的增长最平稳(劳动力市场上技术学位持有者的比例甚至下降4～5个百分点),因此他们有着更良好的就业前景。

二、战略规划的重点

根据对以往发展情况的分析和对未来几年将影响捷克和欧洲高等教育的主要趋势的总结,教育青年体育部已经确定了战略规划的主要优先事项。优先事项的最终提法是2009年4月为制定战略规划而成立的工作组近1年的讨论结果,该工作组成员包括教育青年体育部、捷克校长联席会议和高等学校理事会的代表以及教育科学政策方面的专家。

该部的战略规划涵盖了一系列重点课题,分为三大重点领域:质量和实用性、透明度、有效性和资金。

这三大重点领域结构统一,包含优先事项的定义及其理由,制定各自的目标,并确定实施的主要手段。

(一)质量和实用性

捷克高等教育近年来发生了很大的变化,最为突出的是学生人数持续增长。有关数量指标远远超出了《2006—2010年度战略规划》中规定的目标。主要受益者认为,由人口数量和经济发展进一步推动的高等教育从精英制度向普遍制度的迅速转变,已经产生并正对高等教育的整体功能、教育活动的形式与内容、学生的学习途径造成许多重大影响,同时也对整个高等教育制度和高等学校的管理带来影响。

捷克高等学校毕业生就业情况与西欧国家的普遍就业情况相比,没有显著差异。近年来存在影响高等教育文凭质量,导致高等教育文凭贬值的情况通常是由高等教育发展不当造成的(而这通常是不可控的)。教育青年体育部战略规划的目标是解决这些显现出来的问题,在2011年到2015年间,重点关注高等学校各组成部分的发展,重视其质量和实用性。

由于上述发展变化(其他行业也当如此),捷克高等学校数量的增长必须与高等教育多元化并行不悖。多元化的目标一方面是为更加多元化的学生提供教育,使他们能胜任社会各种岗位。另一方面,多元化旨在保护和维护高等教育中的传统名牌大学,保持其对社会发展和经济至关重要的高标准。在履行多种功能的大众化和多元化的高等教育体系中,有必要为高等学校建立良好的环境去构建自身的业绩,使它们能够取得优异成果。除了侧重于国际顶尖研究和高要求的硕士和博士学位课程的高等学校外,还需给那些侧重于,例如,学士学位课程、成人教育、知识传播、与企业合作或对有关地区给予支持的高等学校提供充分的发展空间。

1.学生数量

目标:使学生数量符合人口发展和劳动力市场需求。

教育青年体育部应:

• 力求确保在2015年之前,高等教育首次入学人数比例将保持在相关年龄组别的三分之二左右。

• 力求确保继续学习硕士课程的捷克大专院校学士学位毕业生比例不超过50%。然而,这一比例在个别高等学校和各个教育领域可能会有很大的不同,这取决于高等学校业绩和所提供的学习课程的性质。

• 改变资助公立高等学校的参数,为了确保毕业生的数量和质量,输入参数(学生人数)的权重将逐渐减少。在教育青年体育部战略和高等学校战略结合的基础上,还将逐步加强合同资金的组成部分。这一制度将有可能在资源使用方面实现更高程度的差异化,以资源为目标,提高质量,并支持各高等学校在职能、作用和活动方面更多样化的安排。

手段:

改变资助公立高等学校的规定。

2. 高等学校的数量与结构

目标:实现高等学校的最优数量和结构,支持各高等学校或其部门的制度多元化,在不同领域(研究、教学、国际合作、区域职能)取得优异成绩。

教育青年体育部应:

• 不支持成立新的高等学校。

• 力求提高批准建立新的高等学校的条件。

• 支持现有高等学校及其分校一体化,以确保其经营的质量、实用性和有效性。

• 寻求系统方案来解决国外高等学校分校问题。

• 制定多元化规则,将其作为《高等教育改革》项目的一部分。

• 根据《高等教育改革》计划的要求,按照已制定的明确的质量标准,进行高等教育制度的整合,包括将一批高等职业学校纳入该体系。

• 与认证委员会合作,支持制定与资助相关的高等学校质量多标准评估参数。

• 力求确定更具体的标准,评估高等学校是否符合开展学术、科学、研究、开发、创新、艺术及其他创造性活动的先决条件,并符合高等教育法的规定。

• 针对高等学校在其战略规划中制定的各目标的实施情况进行定期检查,这关系到高等学校战略规划更新的讨论。

建议高等学校:

• 明确界定其任务和总体目标,并在制定长期战略发展规划时对它们加以考量。这些规划应凭借对优、劣势的深入分析,从任务与目标的角度给每所高等学校提供清晰的概况,在实施有关活动时推动以取得卓越成果。

• 引进战略管理制度(或者对正进行的加强管理),此举建立在高等学校活动的全面规划和根据目标设定的成果的评估基础上。

手段:

• 竞争力教育实施计划(ECOP):支持个别国家项目,例如,高等教育改革、质量评估、Q-RAM(开发和试点测试)、RDI 的国际审计。

• 改变资助公立高等学校的规定。

3. 内部和外部质量保证

目标:调整外部和内部质量评估体系,使其符合国际标准,强化其重要性,确保从评估到教育的反馈。

教育青年体育部应：

- 改变认证和重新认证制度——向授予较长期认证的教育院校进行认证的转变。
- 要考虑到高等学校的具体职能和作用，对高等院校质量进行多标准评估。
- 支持建立内部和外部评估之间的联系以及相应权利和责任制度，保障各级高等院校的质量。
- 努力强化高等学校外部评估的重要性，使之作为认证委员会执行活动的一部分，包括物质和财政支持。
- 支持在各高等院校采用和执行欧洲高等教育领域质量保障标准和准则。
- 针对从内部质量评估系统获得的结论和建议的评估以及在高等学校的实施提供一致的支持。
- 以学术审计的形式促进活动体系的发展，并提供教育实践的反馈意见。
- 支持认证委员会对高等院校的分支机构进行系统监测，以及其对高等学校进行的教育活动评估。

建议高等学校：

- 制定内部质量评估体系，确保其与高等学校战略规划相关联。
- 在内部质量保障中，确保和加强各类高等教育涉及（学术人员、管理机构、学生、校友、雇主和其他社会伙伴）的平衡和差异化作用。

手段：

- 改变认证制度。
- 落实发展项目。
- ECOP：支持国家项目——高等教育改革、Q-RAM（开发和试点测试）、质量评估。

4.作为质量保障手段的《高等教育国家文凭框架》

目标：发展和执行《高等教育国家文凭框架》。

教育青年体育部应：

- 设计《高等教育国家文凭框架》并试点实施。
- 在 Q-RAM（开发和试点测试）个别国家项目评估后，支持全面实施《高等教育国家文凭框架》。
- 针对欧洲高等教育领域总体文凭框架，对国家文凭框架的自我认证做出规定。
- 欧洲终身学习文凭框架（EQF）可供各级高等教育机构参考。

建议高等学校：

- 在纳入认证之后，实施《高等教育国家文凭框架》。
- 主要以通过提供各种学习课程的概况，并证明通过学习可达到的能力水平来实施《高等教育国家文凭框架》。

手段：

- ECOP：支持国家项目——Q-RAM（开发和试点测试）、《高等教育改革》（与文凭框架和认证系统接轨）、《质量评估》（与文凭框架和制度层面的质量保障体系相互联系）。

- 院校资助手段。

5.教育进步模式和方式

目标:学习方式和教育方式多元化,与各院校的业绩、学习课程的性质、预期的学习成果和目标学生群体的特征(如年龄特征)紧密相连。

教育青年体育部应:

- 支持使用符合最新趋势的教学材料和技术资源。
- 为教学人员实施教育创造条件。
- 进一步促进高等教育与商业的联系。
- 支持现代教育方式和创造性学习方式(例如项目导向的教育、在线学习、混合式学习等)的进一步发展,应包括满足特定目标学生群体(非全日制成人教育学生、残疾人或社会弱势群体)的需要。

建议高等学校:

- 根据高等学校的性质和学习课程,支持引入非全日制学习方式;确保这些学习方式的质量与全日制线下学习相同。
- 制定支持学生工作实习的制度。
- 制定学术、科学、研究、开发、创新、艺术及其他创造性活动相互联系的体系。
- 将学术人员的继续教育(学术、技术)纳入职业体系。
- 支持资优学生。
- 为有特定需要的人员的学习建立和进一步创造条件。
- 为认可业已完成的教育设定条件,包括非正规教育,并根据个别情况下的实际教育需要调整学术课程。

手段:

- 落实发展计划。
- 高等学校发展资助。
- ECOP:支持"商务合作"和"高等教育的获得"所述的领域。
- RDIOP。

6.毕业生就业能力的责任感

目标:加强高等学校对毕业生就业能力的责任感培养。

教育青年体育部应:

- 安排评估高等教育毕业生就业能力的数据。
- 把毕业生的就业能力数据分析作为资助高等学校的参考标准。
- 制订方案,支持招聘应用研究、实验开发和引进创新领域或知识密集型领域高等教育毕业生。
- 努力确保将学士学位毕业生收入纳入国家机构适当的工资类别,并与劳工和社会事务部就此问题举行会议。
- 努力确保劳动力市场视开设学士学位课程的高等教育为综合性教育,将其毕业生视为特定领域的合格人才。

• 支持采取行动,确保法律规定中关于公共部门常规性的实践或工作要求,除了正式文凭外,尽可能体现在学习成果上。

• 采取措施提高教育学院教育活动的质量,以加强其对教学领域毕业生的培训。

建议高等学校:

• 对有关未来社会需求和毕业生就业能力的学习课程进行创新。

• 与潜在的毕业生雇主建立和加强联系。

• 除了专业知识和技能外,支持发展学生的综合能力。

• 与教育青年体育部共同努力,提高教育学院的教育活动质量。

手段:

• ECOP:支持"商务合作"和"高等教育的获得"所述的领域,支持个别国家项目——《科学与技术学科支持》(PTPO)。

• 落实发展计划。

• 改变资助公立高等学校的规定。

7.研究、开发和创新的人力资源

目标:2011—2015年为研究、开发和创新提供高素质人才。

教育青年体育部应:

• 启动支持研究人员(特别是博士毕业生和年轻研究人员)出国留学并返回捷克的"回国奖励"项目。

• 制定以公开竞争方式填补博士后职位(奖学金)的制度。

• 从2012年起实施名为"回归"的项目,旨在提高研究、实验开发和创新领域的人力资源质量。

• 支持国外优秀学生和学术人员的长期访问和交流。

建议高等学校:

制订通过公开竞争的方式填补博士后职位的内部激励制度和支持方案。

手段:

• ECOP:支持"终身学习"和"高等教育的获得"所述的领域。

• 从2014年开始,实施相关计划的资源将由国家预算提供。

• "回归"方案的资源将由教育青年体育部从2012年专门用于国际合作研究、开发和创新的资金提供。

(二)透明度

1.国际化

(1)教育国际化

目标:在捷克实施博洛尼亚进程,使捷克高等学校成为欧洲高等教育地区的正式成员,并提高其在国际舞台上的竞争力。

教育青年体育部应：

- 制订捷克参加欧盟和其他有关高等教育国际合作的组织的方案（终身学习计划、伊拉斯莫斯世界计划、亚克兴计划等）。
- 支持关注高等学校师生员工的流动性方案。
- 努力确保获得"允许扩招院校"和"ECTS"（欧洲学分转换系统）院校的财政优势。
- 为学术界外国专家的永久雇佣创造适当条件（尤其是涉及具有国际竞争力的学术职位）。
- 通过参加国际博览会、出版宣传信息资料，在海外推广捷克高等教育（与国际服务中心合作）。

建议高等学校：

- 正确实施和最大限度地利用 ECTS 信用制度，此信用制度建立在学习成果、保证免费向所有毕业生颁发捷克语和英语"文凭补充"（或根据学生的要求，使用另一种广泛使用的欧洲语言）的基础上。欧洲委员会颁发的"文凭补充标签"和"ECTS 标签"正是对良好执行工作的认可。
- 学生流动应该成为学习的常规组成部分（例如作为学习课程部分的所谓的留学窗口），其目标是满足想要在国外高等学校进行学习的人员的需要。
- 长期流动应成为学术人员职业发展的一部分，流动性也符合高等学校的其他（行政）工作人员的职业发展。
- 增加出国学习访问和实习的学生人数。
- 以一致的方式维护出国与回国学生在注册中的数据。
- 通过以高等学校自身资源提供奖学金的方式来支持学生流动。
- 制订对国外学习正确和一致认可的方案（短期留学考察应根据学习协议自行进行）；在高等学校内部规定中解决制订方案问题。
- 通过以下方式增加捷克高等学校的外国留学生人数：扩大外语学习课程范围、在海外推广捷克高等学校教育（网络信息、在国际教育展览会上的展示、与大使馆合作）、制定高等学校的国际合作战略、为外国留学生学习提供条件（外语授课课程、设施与设备、高等教育职工的语言技能、住宿、休闲活动等），以及借助在捷克高等学校工作的外国专家提供其他资源。
- 开发以外语授课和认证的学习课程（特别是硕士和博士学位课程）以及联合/双/多学位课程。
- 参加欧洲共同体计划——终身学习计划、涉及欧盟与世界其他地区的合作项目（伊拉斯莫斯世界计划，Tempus 计划，欧盟-美国、欧盟-加拿大、欧盟-澳大利亚、欧盟-韩国等计划）。
- 为开发真正的国际化环境创造条件，英语（或另一种语言）不仅仅是在教学上（这适用于与外国高等学校密切合作的重点高等学校）使用，同时也作为交流的共同语言。

手段：

- 落实欧洲共同体计划。
- 落实发展计划。
- ECOP：支持"商务合作"所述的领域。
- 拥有高等学校资源。

（2）高等学校在研究、开发与创新领域的国际合作

目标：为加强高等院校参与研究、开发和创新领域的国际合作创造条件。

教育青年体育部应：

- 继续执行多边合作方案，制订与欧盟内外各国合作的双边协议。
- 支持参与研究和开发领域的国际合作项目。
- 确保成功取得国际研究项目的高等学校的经济利益。
- 简化对项目申请的行政管理，期待高等学校能积极参与国际合作项目。

建议高等学校：

- 支持高等院校研究人员的双向国际流动。
- 为在高等学校作为"主办方"的 ERC CZ 计划中实施 ERC 项目创造条件。

手段：

- ECOP：支持"终身学习"所涉及的领域，支持个别国家项目——RDI 国际审计。
- ERC CZ 计划的财政资源将由教育青年体育部从专门用于国际合作研究、开发与创新的资金中提供。

2. 商务合作

目标：高等学校作为先进学术和研发水平的中心，必须扩大与商业领域的合作。

教育青年体育部应：

- 支持外面的资助商更负责任地参与到高等学校管理中。
- 促进高等学校与商业代表在教育活动的开展和评估上的合作。
- 支持有关保障高等学校知识产权的活动。
- 促进高等学校创业技能发展。
- 与定向支持（为特定目的）的主要提供者建立密切和常规合作，例如，与捷克技术局合作。
- 在现有资源范围内支持对国家未来需求至关重要的领域的教育发展。

建议高等学校：

- 支持参与科技园区的运营，建立技术转化中心和企业孵化器。
- 设计符合雇主需求的学习课程/学习领域。
- 邀请商业领域专家参与教学指导、学习课程开发、高等学校机构工作、起草高等学校战略规划（包括研发领域）。
- 支持高等学校教职员工在企业实习/工作实践。
- 开展职业指导，与毕业生就业领域的企业合作。

- 为学术界分属机构创造条件。

手段：

- 落实发展计划；
- ECOP：支持"商务合作""终身学习"和"高等教育的获得"的涉及的领域，支持个别国家项目——高等教育改革、PTPO 计划。
- RDIOP：支持"高等教育制度的有效管理"和"承担责任、良好管理的高等学校"所涉及的领域。

3.终身学习

目标：强调高等学校在终身学习中的作用。

教育青年体育部应：

- 通过撤销对 26 岁以上学生不公平待遇的立法的提案。
- 在认证学习课程的框架内，努力建立对业已完成的学习，包括非正规教育进行认可的系统性解决方案。
- 根据《高等教育法》第 60 条，为录取终身学习课程毕业生继续就读认证学习课程提出系统性解决方案。
- 创造条件，以确保混合学习和终身学习符合内部和外部评估的规定。

建议高等学校：

- 与地方雇主和劳动局合作，根据劳动力市场要求，支持终身学习课程（内容可能来自学位课程）的制定，以确保个人教育的条件满足具体需求。
- 制定针对目标群体（对继续教育感兴趣的群体、招聘单位）的适当营销策略。
- 为混合型和远程学习模式提供适当的支持和多媒体教学辅助工具。
- 创新与信用体系相关的终身学习课程。
- 为认可学习成果创建透明机制。
- 将终身学习课程纳入教育活动内部评估体系。
- 为教职员工制定侧重于在教学中有效利用信息技术的课程（例如，学习支撑发展）以及提升教学能力，满足成人（在职）学生和终身课程学习人员的需求的课程。
- 为终身课程学习人员和申请人提供指导服务（包括在内部评估体系中的指导服务质量评估）。

手段：

ECOP：支持"商务合作"所涉及的领域及个别国家项目 Q-RAM 计划、质量评估、PTPO 计划。

4.高等教育的获取

目标：排除获得教育的障碍以及在学习过程中可能会出现的阻碍。

教育青年体育部应：

- 准备学生财政资助资金。
- 寻求新的财政资助机制，消除想要申请进行高等教育学习的社会弱势群体所面临的经济障碍,建立鼓励高等学校吸收并资助这些学生的机制。

- 改变高等学校学生的法定地位。
- 支持有感官、身体和相关缺陷的学生以及具有特定教育需求的学生;为相关活动的资助做出制度变更。

建议高等学校:

- 以奖学金的形式支持来自社会弱势群体的学生。
- 为具有身体缺陷和特定教育需求的学生创造受教育条件。
- 创新学习课程,确保教辅材料的使用更便利。
- 为学业申请人开办预科课程。
- 与中小学合作,进一步激励中小学生为高等教育阶段的学习做好准备。
- 支持学生参与本校的创造性活动。

手段:

- ECOP:支持"商务合作"所涉及的领域及个别国家项目——高等教育改革。
- 落实发展计划;逐渐向系统性解决方案过渡。

5. 高等学校指导服务

目标:根据学生的需求调整指导服务。

教育青年体育部应:

在高等学校指导服务领域提供方法上的支持,并公布良好的实例。

建议高等学校:

- 提供或安排对于申请人、终身学习参与者和高等学校工作人员的指导服务——有关学习相关事宜的指导、职业指导、心理和社会咨询等,以吸引潜在申请人、降低学习不合格率、协助提高毕业生在劳动力市场上的就业能力。
- 促进高等学校的学术和其他工作人员的继续教育、通过适当的方式(网站等)向目标群体提供信息,并与捷克内外的其他高等学校开展合作。
- 为特定需求人员提供针对性指导服务。

6. 宣传与营销

目标:提升高等学校内部和外部的展示方式。

教育青年体育部应:

向公众持续提供有关捷克高等教育体系的信息,同时涵盖高等学校的各种职能和作用及其对公众的利益。

建议高等学校:

- 制定包括各种视觉风格在内的营销和宣传策略,在高等学校内部和外界强化高等学校的独特性和自我展示工作。
- 关注那些可能对合作和学习感兴趣的人员的促销活动。

手段:

落实发展计划。

（三）有效性和资金

近年来,越来越多的学生数量是影响捷克高等教育经费的主要因素。特别是2000年以来,虽然经费额度大幅上升,然而学生人数也大幅增加。每个学生的支出也不断增长,直到2008年,学生入学的活跃度超过了经费增长的速度,导致分配到每名学生的资源水平下降(即使按当时的价格)。另一方面,跟国际水平相比,捷克的教育体系尚未被证明是无效的。捷克在经济合作与发展组织国家中名列第14位,其成效指标为高等学校质量与高等教育支出的比率,在2005年提供了这方面的提升证据。

表示学生支出与经济表现之间关系的可比指标为每位学生的人均支出与人均国内生产总值的比率。20世纪90年代中期,这个指标的水平是45％左右。到2000年,已经下降到32％,在2006年下降到29％,2008年进一步下降到25％。原因与其他发达国家一样,高等教育学生越来越多,公共支出对其他经济部产生越来越大的压力。尽管高等教育总体支出占GDP的比例上升,但指标水平却下降了。其中一个原因是延长了学士学位、硕士学位和博士学位课程的时间。

捷克高等教育逐渐陷入这样的状况:现存的资金体系不能满足新战略目标和教育部门需求。鉴于目前高入学人数和今后几年的人口发展,显然有必要进行相对快速和强劲的改革,主要是以资助形式鼓励高等学校进一步扩招。教育青年体育部战略规划中提出的关键趋势,即从数量转向质量,支持制度的有效多样化,必须通过适当的财务机制来加强。这应该与允许高等院校多元化的其他特征(例如认证制度)的改变相吻合。

虽然有必要努力将高等教育的公共资源水平提升到至少与欧洲的平均水平相匹配的程度,但也需要将更多的私人资金引入这一领域。对于私人资金在高等教育中的占比,各国存在很大差异。捷克在2006年接近18％,几乎相当于欧盟的平均水平。在过去3年中,公立高等教育的私人资金比例以及私立高等学校自费生在全部学生人数中所占的比例都有所上升。这意味着捷克高等教育总支出中的私人资金水平进一步上升,目前占20％以上。

除了确保足够的资金外,强调质量还应进行分配方法的改变。首先,要提高财政资源的分层度,使高等教育机构的多样性在自身的战略规划和目标优势的基础上自然而然发展。除了教育外,这种多元化的维度还将包括研究(和其他创意活动)、继续教育、国际活动、区域职能以及与商业和毕业生雇主的合作。与此同时,财政资源分层应鼓励高等学校寻求其他收入来源,包括国际收入来源,而不是仅仅依靠公共资金。然而,在这种情况下,有必要为企业部门提供激励措施,使企业向高等教育学校提供有关研究的授权合同,其力度不亚于高等学校本身。

高等学校资金规定的变化,使高等学校从数量向质量发展,肯定会影响到高等学校的一些基本要素,因此不能过多地受高等学校常用的编制预算的束缚。现有的资金规定不适用,大部分原因是它们主要建立在数量发展指标的基础上。这种做法既不合理,也没有为高等学校进一步扩招创造有利的经济条件;相反,为减少学生数量提供了很多理由。然而,如果单位成本没有相对增加,质量显著提高难以实现,如果没有新的财政刺激,就无法有效实现高等教育的功能和多样化。

新引进的金融手段将对各高等院校的产出特点和质量提供更多支持。高等学校将对学习成果承担更大责任——毕业生的就业情况将成为提供资金支持的重要标准之一。除此之外,还要寻求更有效的机制来支持教育质量和发展高等学校的其他功能,而不再支持高等学校尽可能多地吸引学生。质量指标比重将有所增大,数量指标比重将会下降。逐步引进相关机制,激励高等学校吸引最好的高中毕业生。此举有助于质量的提高。这种将最优秀的高中毕业生人数纳入考量范围的机制,自然会与各高等学校职能的整体多样化和其他资金工具挂钩。此外,教育青年体育部将提出影响学士、硕士、博士学位的学生比例的机制。

资金制度不必固定不变,也不必激进。资金不会被一次性引入,将逐步进行。新资金的分配原则和预算规定的过渡可能会在3至4年的时间内分阶段实施。如果不考虑对个别高等学校可能产生的负面影响和整个体系的稳定性,捷克高等教育总体上并没有处在危急的境地,以至于需要立即整改。

1.高等教育制度的有效管理

目标:提高高等教育管理制度的有效性;具体说明负责高等教育部门工作的主要负责人(教育青年体育部、认证委员会、高等学校及其代表机构、外部涉众)之间的权责分工。

教育青年体育部应:

• 评估该部2006—2010年度战略规划的实施情况,并将结果纳入该部战略规划的更新中。

• 支持高等学校的自主权和责任制。

• 努力确保外面的资助人更多地参与有关高等教育整体发展的分析和战略磋商。

• 更好地协调中等和高等教育的管理(例如,高等学校入学考试、包容性教育)。

手段:

ECOP:支持个别国家项目——高等教育改革、RDI国际审计。

2.责任承担、管理良好的高等学校

目标:使高等学校更好地发挥管理机制,尤其是通过对相关目标的实施进行定期评估,以及与高等学校一起对机制进行讨论。

教育青年体育部应:

• 力争在制度层面上合理地落实权利和责任。

• 制定和试点支持高等学校有效管理的方法,首先,侧重于支持经济和行政程序。

• 支持高等学校管理和行政人员以及参与行政工作的学者和学生的教育制度。

• 在确定成本的过程中向高等学校提供系统支持,以便将其财政需求和成本结构与捷克和其他欧洲国家的类似高等学校进行比较。

手段:

ECOP:支持"商务合作"所涉及的领域,支持个别国家项目——高等教育改革、

EFIN 计划。

3. 非资本资助

目标:调整财务机制,使其成为执行该部战略规划的有效手段。

教育青年体育部应:

- 在国家预算中力求公立高等教育预算的稳定。
- 努力确保高等学校支出在国内生产总值中的比例达到欧盟的平均水平。
- 确定较长时期预算编制的主要原则,以便各高等学校可以在几年内从国家预算中获得稳定的收入。
- 在教育活动预算中对各类学习课程区别处理。
- 逐步过渡到公立高等学校资助制度,此资助制度建立在来自公式拨款的与国家签订的多年度合同基础上。
- 改变实施预算领域的结构,以有利于提高产出比重和降低投入比重。
- 保留发展方案和高等学校发展基金原则,但教育青年体育部将对其职能进行部分变更(权力下放,逐步提高集权制发展方案的比重)。
- 激励高等学校寻求其他收入来源。
- 支持发展和实施艺术活动成果评估制度及其与艺术类高等学校资金的联系。
- 资助制度的变化将逐步进行,使高等学校有足够的时间实施自己的发展战略,确保它们的资金不会发生根本变化。

手段:

- 更改公立高等学校资助规定。
- ECOP:支持个别国家项目——高等教育改革。

4. 资本资助

目标:恢复和发展有助于提高教学质量、改善学术环境的研究和文化的高等教育基础设施;引进并宣传有关各高等学校业绩的战略规划;提高资本资助计划的透明度,确保其过渡到新的资助制度。

教育青年体育部应:

- 通过征集方案来确定条件,以确保最大限度地利用欧盟操作计划所得投资的财政资源;支持高等学校为这些计划内提交的项目进行准备工作。
- 与上一阶段相反,新设施建设不应成为优先事项;在合理情况下,新设施的建设按学校实际情况实施。
- 财政资源的主要部分将用于以下设施的翻新和现代化改造:现有的教育设施、图书馆、宿舍、餐饮设施、行政设施、ICT(信息与通信技术)基础设施、获取信息和科学知识的设施,包括翻新和采购新的设备和仪器。
- 通过有针对性地分配资金,来支持高等学校多元化趋势的发展。
- 为了确保整个高等教育行业的平衡运作,尽量减少因管理欧盟资金使用而导致的不公平现象。

• 支持可能来自教育青年体育部预算外的资本的投资。

• 按照正在编制的立法规定(高等教育法案),修改透明的资本资助规定,包括可能将资本资源交由高等学校进行管理。

5. 从阶段预算的高等学校资源中提供研究、开发和创新资金

(1)目标:提高使用国家预算资源的有效性,将这些资助用于高等学校的研究、开发与创新,使资助与这些领域实际成果成为相联系的一部分。

教育青年体育部应:

• 根据修订的高等学校 2002 年第 130 号法案进行研究计划评估,于 2011 年和 2013 年完成。研究计划资金最迟于 2013 年结束,之后由来自公共资源的资金用于研究、开发和创新的制度支持所取代,公共资源由研究组织长期战略发展计划提供。

• 作为长期战略发展的来自公共资源且用于研究、开发和创新的制度支持的组织,需符合根据支持研究、开发和创新法案第 2 节第 2d 款中对研究组织的定义。在对各研究机构取得的成果进行评估的基础上,提供支持。

• 作为制度和目标支持的提供者,确保根据相关年度通过的《研究与开发评估方法》每年收集有关研究、开发和创新成果的可靠数据,在法律规定的期限内将数据交付到研究、开发和创新信息系统。

(2)目标:作为改革研究、开发和创新体系的一部分,在国家预算资源中实施新的支持模式。

教育青年体育部应:

• 每年为作为学业部分的各高等学校研究项目确定资源分配比例。所分配资源的多少将取决于通过 RDI 结果评估的在高等学校研究、开发和创新中取得的卓越程度,以及取得优异成绩的硕士,特别是博士研究生毕业生人数。

• 确定与主要资助提供者,特别是捷克技术部和捷克拨款机关的合作条件。

• 支持建立和发展大型研究、开发和创新基础设施,同时建立可持续的资金运作机制。

手段:

• 落实 RDIOP 计划。

• ECOP:支持个别国家项目——EFIN 计划、RDI 国际审计。

• 2012 年启动国家计划"支持大型基础设施/研发资本资助计划"(国家研究、开发与创新政策,任务 A3-4)。

• 在 2014—2015 年执行上述方案,将由分配给教育青年体育部并由该部指定用于此目的的国家预算资金支持。

米罗斯拉娃·科皮科娃博士
教育青年体育部部长
2010 年 2 月 6 日于布拉格

附　录

推动共建丝绸之路经济带
和 21 世纪海上丝绸之路的愿景与行动

国家发展改革委　外交部　商务部

（经国务院授权发布）

2015 年 3 月 28 日

前　言

2000 多年前,亚欧大陆上勤劳勇敢的人民,探索出多条连接亚欧非几大文明的贸易和人文交流通路,后人将其统称为"丝绸之路"。千百年来,"和平合作、开放包容、互学互鉴、互利共赢"的丝绸之路精神薪火相传,推进了人类文明进步,是促进沿线各国繁荣发展的重要纽带,是东西方交流合作的象征,是世界各国共有的历史文化遗产。

进入 21 世纪,在以和平、发展、合作、共赢为主题的新时代,面对复苏乏力的全球经济形势,纷繁复杂的国际和地区局面,传承和弘扬丝绸之路精神更显重要和珍贵。

2013 年 9 月和 10 月,中国国家主席习近平在出访中亚和东南亚国家期间,先后提出共建"丝绸之路经济带"和"21 世纪海上丝绸之路"(以下简称"一带一路")的重大倡议,得到国际社会高度关注。中国国务院总理李克强参加 2013 年中国-东盟博览会时强调,铺就面向东盟的海上丝绸之路,打造带动腹地发展的战略支点。加快"一带一路"建设,有利于促进沿线各国经济繁荣与区域经济合作,加强不同文明交流互鉴,促进世界和平发展,是一项造福世界各国人民的伟大事业。

"一带一路"建设是一项系统工程,要坚持共商、共建、共享原则,积极推进沿线国家发展战略的相互对接。为推进实施"一带一路"重大倡议,让古丝绸之路焕发新的生机活力,以新的形式使亚欧非各国联系更加紧密,互利合作迈向新的历史高度,中国政府特制定并发布《推动共建丝绸之路经济带和 21 世纪海上丝绸之路的愿景与行动》。

一、时代背景

当今世界正发生复杂深刻的变化,国际金融危机深层次影响继续显现,世界经济缓慢复苏、发展分化,国际投资贸易格局和多边投资贸易规则酝酿深刻调整,各国面临的发展问题依然严峻。共建"一带一路"顺应世界多极化、经济全球化、文化多样化、社会信息化的潮流，秉持开放的区域合作精神，致力于维护全球自由贸易体系和开放型世界经济。共建"一带一路"旨在促进经济要素有序自由流动、资源高效配置和市场深度融合，推动沿线各国实现经济政策协调，开展更大范围、更高水平、更深层次的区域合作，共同打造开放、包容、均衡、普惠的区域经济合作架构。共建"一带一路"符合国际社会的根本利益，彰显人类社会共同理想和美好追求，是国际合作以及全球治理新模式的积极探索，将为世界和平发展增添新的正能量。

共建"一带一路"致力于亚欧非大陆及附近海洋的互联互通，建立和加强沿线各国互联互通伙伴关系，构建全方位、多层次、复合型的互联互通网络，实现沿线各国多元、自主、平衡、可持续的发展。"一带一路"的互联互通项目将推动沿线各国发展战略的对接与耦合，发掘区域内市场的潜力，促进投资和消费，创造需求和就业，增进沿线各国人民的人文交流与文明互鉴，让各国人民相逢相知、互信互敬，共享和谐、安宁、富裕的生活。

当前，中国经济和世界经济高度关联。中国将一以贯之地坚持对外开放的基本国策，构建全方位开放新格局，深度融入世界经济体系。推进"一带一路"建设既是中国扩大和深化对外开放的需要，也是加强和亚欧非及世界各国互利合作的需要，中国愿意在力所能及的范围内承担更多责任义务，为人类和平发展做出更大的贡献。

二、共建原则

恪守联合国宪章的宗旨和原则。遵守和平共处五项原则，即尊重各国主权和领土完整、互不侵犯、互不干涉内政、和平共处、平等互利。

坚持开放合作。"一带一路"相关的国家基于但不限于古代丝绸之路的范围，各国和国际、地区组织均可参与，让共建成果惠及更广泛的区域。

坚持和谐包容。倡导文明宽容，尊重各国发展道路和模式的选择，加强不同文明之间的对话，求同存异、兼容并蓄、和平共处、共生共荣。

坚持市场运作。遵循市场规律和国际通行规则，充分发挥市场在资源配置中的决定性作用和各类企业的主体作用，同时发挥好政府的作用。

坚持互利共赢。兼顾各方利益和关切，寻求利益契合点和合作最大公约数，体现各方智慧和创意，各施所长，各尽所能，把各方优势和潜力充分发挥出来。

三、框架思路

"一带一路"是促进共同发展、实现共同繁荣的合作共赢之路，是增进理解信任、加强全方位交流的和平友谊之路。中国政府倡议，秉持和平合作、开放包容、互学互鉴、互利共赢的理念，全方位推进务实合作，打造政治互信、经济融合、文化包容的利益共同体、命运共同体和责任共同体。

"一带一路"贯穿亚欧非大陆，一头是活跃的东亚经济圈，一头是发达的欧洲经济圈，中间广大腹地国家经济发展潜力巨大。丝绸之路经济带重点畅通中国经中亚、俄罗斯至欧洲(波罗的海);中国经中亚、西亚至波斯湾、地中海;中国至东南亚、南亚、印度洋。21世纪海上丝绸之路重点方向是从中国沿海港口过南海到印度洋,延伸至欧洲;从中国沿海港口过南海到南太平洋。

根据"一带一路"走向,陆上依托国际大通道,以沿线中心城市为支撑,以重点经贸产业园区为合作平台,共同打造新亚欧大陆桥、中蒙俄、中国-中亚-西亚、中国-中南半岛等国际经济合作走廊;海上以重点港口为节点,共同建设通畅安全高效的运输大通道。中巴、孟中印缅两个经济走廊与推进"一带一路"建设关联紧密,要进一步推动合作,取得更大进展。

"一带一路"建设是沿线各国开放合作的宏大经济愿景,需各国携手努力,朝着互利互惠、共同安全的目标相向而行。努力实现区域基础设施更加完善,安全高效的陆海空通道网络基本形成,互联互通达到新水平;投资贸易便利化水平进一步提升,高标准自由贸易区网络基本形成,经济联系更加紧密,政治互信更加深入;人文交流更加广泛深入,不同文明互鉴共荣,各国人民相知相交、和平友好。

四、合作重点

沿线各国资源禀赋各异,经济互补性较强,彼此合作潜力和空间很大。以政策沟通、设施联通、贸易畅通、资金融通、民心相通为主要内容,重点在以下方面加强合作。

政策沟通。加强政策沟通是"一带一路"建设的重要保障。加强政府间合作,积极构建多层次政府间宏观政策沟通交流机制,深化利益融合,促进政治互信,达成合作新共识。沿线各国可以就经济发展战略和对策进行充分交流对接,共同制定推进区域合作的规划和措施,协商解决合作中的问题,共同为务实合作及大型项目实施提供政策支持。

设施联通。基础设施互联互通是"一带一路"建设的优先领域。在尊重相关国家主权和安全关切的基础上,沿线国家宜加强基础设施建设规划、技术标准体系的对接,共同推进国际骨干通道建设,逐步形成连接亚洲各次区域以及亚欧非之间的基础设施网络。强化基础设施绿色低碳化建设和运营管理,在建设中充分考虑气候变化影响。

抓住交通基础设施的关键通道、关键节点和重点工程,优先打通缺失路段,畅通瓶颈路段,配套完善道路安全防护设施和交通管理设施设备,提升道路通达水平。推进建立统一的全程运输协调机制,促进国际通关、换装、多式联运有机衔接,逐步形成兼容规范的运输规则,实现国际运输便利化。推动口岸基础设施建设,畅通陆水联运通道,推进港口合作建设,增加海上航线和班次,加强海上物流信息化合作。拓展建立民航全面合作的平台和机制,加快提升航空基础设施水平。

加强能源基础设施互联互通合作,共同维护输油、输气管道等运输通道安全,推进跨境电力与输电通道建设,积极开展区域电网升级改造合作。

共同推进跨境光缆等通信干线网络建设,提高国际通信互联互通水平,畅通信息丝绸之路。加快推进双边跨境光缆等建设,规划建设洲际海底光缆项目,完善空中(卫星)

信息通道,扩大信息交流与合作。

贸易畅通。投资贸易合作是"一带一路"建设的重点内容。宜着力研究解决投资贸易便利化问题,消除投资和贸易壁垒,构建区域内和各国良好的营商环境,积极同沿线国家和地区共同商建自由贸易区,激发释放合作潜力,做大做好合作"蛋糕"。

沿线国家宜加强信息互换、监管互认、执法互助的海关合作,以及检验检疫、认证认可、标准计量、统计信息等方面的双多边合作,推动世界贸易组织《贸易便利化协定》生效和实施。改善边境口岸通关设施条件,加快边境口岸"单一窗口"建设,降低通关成本,提升通关能力。加强供应链安全与便利化合作,推进跨境监管程序协调,推动检验检疫证书国际互联网核查,开展"经认证的经营者"(AEO)互认。降低非关税壁垒,共同提高技术性贸易措施透明度,提高贸易自由化便利化水平。

拓宽贸易领域,优化贸易结构,挖掘贸易新增长点,促进贸易平衡。创新贸易方式,发展跨境电子商务等新的商业业态。建立健全服务贸易促进体系,巩固和扩大传统贸易,大力发展现代服务贸易。把投资和贸易有机结合起来,以投资带动贸易发展。

加快投资便利化进程,消除投资壁垒。加强双边投资保护协定、避免双重征税协定磋商,保护投资者的合法权益。

拓展相互投资领域,开展农林牧渔业、农机及农产品生产加工等领域深度合作,积极推进海水养殖、远洋渔业、水产品加工、海水淡化、海洋生物制药、海洋工程技术、环保产业和海上旅游等领域合作。加大煤炭、油气、金属矿产等传统能源资源勘探开发合作,积极推动水电、核电、风电、太阳能等清洁、可再生能源合作,推进能源资源就地就近加工转化合作,形成能源资源合作上下游一体化产业链。加强能源资源深加工技术、装备与工程服务合作。

推动新兴产业合作,按照优势互补、互利共赢的原则,促进沿线国家加强在新一代信息技术、生物、新能源、新材料等新兴产业领域的深入合作,推动建立创业投资合作机制。

优化产业链分工布局,推动上下游产业链和关联产业协同发展,鼓励建立研发、生产和营销体系,提升区域产业配套能力和综合竞争力。扩大服务业相互开放,推动区域服务业加快发展。探索投资合作新模式,鼓励合作建设境外经贸合作区、跨境经济合作区等各类产业园区,促进产业集群发展。在投资贸易中突出生态文明理念,加强生态环境、生物多样性和应对气候变化合作,共建绿色丝绸之路。

中国欢迎各国企业来华投资。鼓励本国企业参与沿线国家基础设施建设和产业投资。促进企业按属地化原则经营管理,积极帮助当地发展经济、增加就业、改善民生,主动承担社会责任,严格保护生物多样性和生态环境。

资金融通。资金融通是"一带一路"建设的重要支撑。深化金融合作,推进亚洲货币稳定体系、投融资体系和信用体系建设。扩大沿线国家双边本币互换、结算的范围和规模。推动亚洲债券市场的开放和发展。共同推进亚洲基础设施投资银行、金砖国家开发银行筹建,有关各方就建立上海合作组织融资机构开展磋商。加快丝路基金组建运营。深化中国-东盟银行联合体、上合组织银行联合体务实合作,以银团贷款、银行授信等方式开展多边金融合作。支持沿线国家政府和信用等级较高的企业以及金融机构在中国境内发行人民币债券。符合条件的中国境内金融机构和企业可以在境外发行人民币债券和外币债券,鼓励在沿线国家使用所筹资金。

加强金融监管合作,推动签署双边监管合作谅解备忘录,逐步在区域内建立高效监管协调机制。完善风险应对和危机处置制度安排,构建区域性金融风险预警系统,形成应对跨境风险和危机处置的交流合作机制。加强征信管理部门、征信机构和评级机构之间的跨境交流与合作。充分发挥丝路基金以及各国主权基金作用,引导商业性股权投资基金和社会资金共同参与"一带一路"重点项目建设。

民心相通。民心相通是"一带一路"建设的社会根基。传承和弘扬丝绸之路友好合作精神,广泛开展文化交流、学术往来、人才交流合作、媒体合作、青年和妇女交往、志愿者服务等,为深化双多边合作奠定坚实的民意基础。

扩大相互间留学生规模,开展合作办学,中国每年向沿线国家提供 1 万个政府奖学金名额。沿线国家间互办文化年、艺术节、电影节、电视周和图书展等活动,合作开展广播影视剧精品创作及翻译,联合申请世界文化遗产,共同开展世界遗产的联合保护工作。深化沿线国家间人才交流合作。

加强旅游合作,扩大旅游规模,互办旅游推广周、宣传月等活动,联合打造具有丝绸之路特色的国际精品旅游线路和旅游产品,提高沿线各国游客签证便利化水平。推动21世纪海上丝绸之路邮轮旅游合作。积极开展体育交流活动,支持沿线国家申办重大国际体育赛事。

强化与周边国家在传染病疫情信息沟通、防治技术交流、专业人才培养等方面的合作,提高合作处理突发公共卫生事件的能力。为有关国家提供医疗援助和应急医疗救助,在妇幼健康、残疾人康复以及艾滋病、结核、疟疾等主要传染病领域开展务实合作,扩大在传统医药领域的合作。

加强科技合作,共建联合实验室(研究中心)、国际技术转移中心、海上合作中心,促进科技人员交流,合作开展重大科技攻关,共同提升科技创新能力。

整合现有资源,积极开拓和推进与沿线国家在青年就业、创业培训、职业技能开发、社会保障管理服务、公共行政管理等共同关心领域的务实合作。

充分发挥政党、议会交往的桥梁作用,加强沿线国家之间立法机构、主要党派和政治组织的友好往来。开展城市交流合作,欢迎沿线国家重要城市之间互结友好城市,以人文交流为重点,突出务实合作,形成更多鲜活的合作范例。欢迎沿线国家智库之间开展联合研究、合作举办论坛等。

加强沿线国家民间组织的交流合作,重点面向基层民众,广泛开展教育医疗、减贫开发、生物多样性和生态环保等各类公益慈善活动,促进沿线贫困地区生产生活条件改善。加强文化传媒的国际交流合作,积极利用网络平台,运用新媒体工具,塑造和谐友好的文化生态和舆论环境。

五、合作机制

当前,世界经济融合加速发展,区域合作方兴未艾。积极利用现有双多边合作机制,推动"一带一路"建设,促进区域合作蓬勃发展。

加强双边合作,开展多层次、多渠道沟通磋商,推动双边关系全面发展。推动签署合作备忘录或合作规划,建设一批双边合作示范。建立完善双边联合工作机制,研究推进"一带一路"建设的实施方案、行动路线图。充分发挥现有联委会、混委会、协委会、指导委员会、管理委员会等双边机制作用,协调推动合作项目实施。

强化多边合作机制作用,发挥上海合作组织(SCO)、中国-东盟"10+1"、亚太经合组织(APEC)、亚欧会议(ASEM)、亚洲合作对话(ACD)、亚信会议(CICA)、中阿合作论坛、中国-海合会战略对话、大湄公河次区域(GMS)经济合作、中亚区域经济合作(CAREC)等现有多边合作机制作用,相关国家加强沟通,让更多国家和地区参与"一带一路"建设。

继续发挥沿线各国区域、次区域相关国际论坛、展会以及博鳌亚洲论坛、中国-东盟博览会、中国-亚欧博览会、欧亚经济论坛、中国国际投资贸易洽谈会,以及中国-南亚博览会、中国-阿拉伯博览会、中国西部国际博览会、中国-俄罗斯博览会、前海合作论坛等平台的建设性作用。支持沿线国家地方、民间挖掘"一带一路"历史文化遗产,联合举办专项投资、贸易、文化交流活动,办好丝绸之路(敦煌)国际文化博览会、丝绸之路国际电影节和图书展。倡议建立"一带一路"国际高峰论坛。

六、中国各地方开放态势

推进"一带一路"建设,中国将充分发挥国内各地区比较优势,实行更加积极主动的开放战略,加强东中西互动合作,全面提升开放型经济水平。

西北、东北地区。发挥新疆独特的区位优势和向西开放重要窗口作用,深化与中亚、南亚、西亚等国家交流合作,形成丝绸之路经济带上重要的交通枢纽、商贸物流和文化科教中心,打造丝绸之路经济带核心区。发挥陕西、甘肃综合经济文化和宁夏、青海民族人文优势,打造西安内陆型改革开放新高地,加快兰州、西宁开发开放,推进宁夏内陆开放型经济试验区建设,形成面向中亚、南亚、西亚国家的通道、商贸物流枢纽、重要产业和人文交流基地。发挥内蒙古联通俄蒙的区位优势,完善黑龙江对俄铁路通道和区域铁路网,以及黑龙江、吉林、辽宁与俄远东地区陆海联运合作,推进构建北京—莫斯科欧亚高速运输走廊,建设向北开放的重要窗口。

西南地区。发挥广西与东盟国家陆海相邻的独特优势,加快北部湾经济区和珠江—西江经济带开放发展,构建面向东盟区域的国际通道,打造西南、中南地区开放发展新的战略支点,形成21世纪海上丝绸之路与丝绸之路经济带有机衔接的重要门户。发挥云南区位优势,推进与周边国家的国际运输通道建设,打造大湄公河次区域经济合作新高地,建设成为面向南亚、东南亚的辐射中心。推进西藏与尼泊尔等国家边境贸易和旅游文化合作。

沿海和港澳台地区。利用长三角、珠三角、海峡西岸、环渤海等经济区开放程度高、经济实力强、辐射带动作用大的优势，加快推进中国（上海）自由贸易试验区建设，支持福建建设21世纪海上丝绸之路核心区。充分发挥深圳前海、广州南沙、珠海横琴、福建平潭等开放合作区作用，深化与港澳台合作，打造粤港澳大湾区。推进浙江海洋经济发展示范区、福建海峡蓝色经济试验区和舟山群岛新区建设，加大海南国际旅游岛开发开放力度。加强上海、天津、宁波-舟山、广州、深圳、湛江、汕头、青岛、烟台、大连、福州、厦门、泉州、海口、三亚等沿海城市港口建设，强化上海、广州等国际枢纽机场功能。以扩大开放倒逼深层次改革，创新开放型经济体制机制，加大科技创新力度，形成参与和引领国际合作竞争新优势，成为"一带一路"特别是21世纪海上丝绸之路建设的排头兵和主力军。发挥海外侨胞以及香港、澳门特别行政区独特优势作用，积极参与和助力"一带一路"建设。为台湾地区参与"一带一路"建设做出妥善安排。

内陆地区。利用内陆纵深广阔、人力资源丰富、产业基础较好优势，依托长江中游城市群、成渝城市群、中原城市群、呼包鄂榆城市群、哈长城市群等重点区域，推动区域互动合作和产业集聚发展，打造重庆西部开发开放重要支撑和成都、郑州、武汉、长沙、南昌、合肥等内陆开放型经济高地。加快推动长江中上游地区和俄罗斯伏尔加河沿岸联邦区的合作。建立中欧通道铁路运输、口岸通关协调机制，打造"中欧班列"品牌，建设沟通境内外、连接东中西的运输通道。支持郑州、西安等内陆城市建设航空港、国际陆港，加强内陆口岸与沿海、沿边口岸通关合作，开展跨境贸易电子商务服务试点。优化海关特殊监管区域布局，创新加工贸易模式，深化与沿线国家的产业合作。

七、中国积极行动

一年多来，中国政府积极推动"一带一路"建设，加强与沿线国家的沟通磋商，推动与沿线国家的务实合作，实施了一系列政策措施，努力收获早期成果。

高层引领推动。习近平主席、李克强总理等国家领导人先后出访20多个国家，出席加强互联互通伙伴关系对话会、中阿合作论坛第六届部长级会议，就双边关系和地区发展问题，多次与有关国家元首和政府首脑进行会晤，深入阐释"一带一路"的深刻内涵和积极意义，就共建"一带一路"达成广泛共识。

签署合作框架。与部分国家签署了共建"一带一路"合作备忘录，与一些毗邻国家签署了地区合作和边境合作的备忘录以及经贸合作中长期发展规划。研究编制与一些毗邻国家的地区合作规划纲要。

推动项目建设。加强与沿线有关国家的沟通磋商，在基础设施互联互通、产业投资、资源开发、经贸合作、金融合作、人文交流、生态保护、海上合作等领域，推进了一批条件成熟的重点合作项目。

完善政策措施。中国政府统筹国内各种资源，强化政策支持。推动亚洲基础设施投资银行筹建，发起设立丝路基金，强化中国-欧亚经济合作基金投资功能。推动银行卡清算机构开展跨境清算业务和支付机构开展跨境支付业务。积极推进投资贸易便利化,推进区域通关一体化改革。

发挥平台作用。各地成功举办了一系列以"一带一路"为主题的国际峰会、论坛、研讨会、博览会,对增进理解、凝聚共识、深化合作发挥了重要作用。

八、共创美好未来

共建"一带一路"是中国的倡议,也是中国与沿线国家的共同愿望。站在新的起点上,中国愿与沿线国家一道,以共建"一带一路"为契机,平等协商,兼顾各方利益,反映各方诉求,携手推动更大范围、更高水平、更深层次的大开放、大交流、大融合。"一带一路"建设是开放的、包容的,欢迎世界各国和国际、地区组织积极参与。

共建"一带一路"的途径是以目标协调、政策沟通为主,不刻意追求一致性,可高度灵活,富有弹性,是多元开放的合作进程。中国愿与沿线国家一道,不断充实完善"一带一路"的合作内容和方式,共同制定时间表、路线图,积极对接沿线国家发展和区域合作规划。

中国愿与沿线国家一道,在既有双多边和区域次区域合作机制框架下,通过合作研究、论坛展会、人员培训、交流访问等多种形式,促进沿线国家对共建"一带一路"内涵、目标、任务等方面的进一步理解和认同。

中国愿与沿线国家一道,稳步推进示范项目建设,共同确定一批能够照顾双多边利益的项目,对各方认可、条件成熟的项目抓紧启动实施,争取早日开花结果。

"一带一路"是一条互尊互信之路,一条合作共赢之路,一条文明互鉴之路。只要沿线各国和衷共济、相向而行,就一定能够谱写建设丝绸之路经济带和 21 世纪海上丝绸之路的新篇章,让沿线各国人民共享"一带一路"共建成果。

教育部关于印发
《推进共建"一带一路"教育行动》的通知

教外〔2016〕46 号

各省、自治区、直辖市教育厅(教委),各计划单列市教育局,新疆生产建设兵团教育局,
部属各高等学校,部内各司局、各直属单位:

为贯彻落实中办、国办《关于做好新时期教育对外开放工作的若干意见》和国家发
展改革委、外交部、商务部经国务院授权发布的《推动共建丝绸之路经济带和 21 世纪海
上丝绸之路的愿景与行动》,我部牵头制订了《推进共建"一带一路"教育行动》,并已经
国家教育体制改革领导小组会议审议通过。现印发给你们,请结合实际认真贯彻执行。

教育部
2016 年 7 月 13 日

推进共建"一带一路"教育行动

推进共建"丝绸之路经济带"和"21 世纪海上丝绸之路"(以下简称"一带一路"),为
推动区域教育大开放、大交流、大融合提供了大契机。"一带一路"沿线国家教育加强合
作、共同行动,既是共建"一带一路"的重要组成部分,又为共建"一带一路"提供人才支
撑。中国愿与沿线国家一道,扩大人文交流,加强人才培养,共同开创教育美好明天。

一、教育使命

教育为国家富强、民族繁荣、人民幸福之本,在共建"一带一路"中具有基础性和先
导性作用。教育交流为沿线各国民心相通架设桥梁,人才培养为沿线各国政策沟通、设
施联通、贸易畅通、资金融通提供支撑。沿线各国唇齿相依,教育交流源远流长,教育合

作前景广阔,大家携手发展教育,合力推进共建"一带一路",是造福沿线各国人民的伟大事业。

中国将一以贯之地坚持教育对外开放,深度融入世界教育改革发展潮流。推进"一带一路"教育共同繁荣,既是加强与沿线各国教育互利合作的需要,也是推进中国教育改革发展的需要,中国愿意在力所能及的范围内承担更多责任义务,为区域教育大发展做出更大的贡献。

二、合作愿景

沿线各国携起手来,增进理解、扩大开放、加强合作、互学互鉴,谋求共同利益、直面共同命运、勇担共同责任,聚力构建"一带一路"教育共同体,形成平等、包容、互惠、活跃的教育合作态势,促进区域教育发展,全面支撑共建"一带一路",共同致力于:

推进民心相通。开展更大范围、更高水平、更深层次的人文交流,不断推进沿线各国人民相知相亲。

提供人才支撑。培养大批共建"一带一路"急需人才,支持沿线各国实现政策互通、设施联通、贸易畅通、资金融通。

实现共同发展。推动教育深度合作、互学互鉴,携手促进沿线各国教育发展,全面提升区域教育影响力。

三、合作原则

育人为本,人文先行。加强合作育人,提高区域人口素质,为共建"一带一路"提供人才支撑。坚持人文交流先行,建立区域人文交流机制,搭建民心相通桥梁。

政府引导,民间主体。沿线国家政府加强沟通协调,整合多种资源,引导教育融合发展。发挥学校、企业及其他社会力量的主体作用,活跃教育合作局面,丰富教育交流内涵。

共商共建,开放合作。坚持沿线国家共商、共建、共享,推进各国教育发展规划相互衔接,实现沿线各国教育融通发展、互动发展。

和谐包容,互利共赢。加强不同文明之间的对话,寻求教育发展最佳契合点和教育合作最大公约数,促进沿线各国在教育领域互利互惠。

四、合作重点

沿线各国教育特色鲜明、资源丰富、互补性强、合作空间巨大。中国将以基础性、支撑性、引领性三方面举措为建议框架,开展三方面重点合作,对接沿线各国意愿,互鉴先进教育经验,共享优质教育资源,全面推动各国教育提速发展。

(一)开展教育互联互通合作

加强教育政策沟通。开展"一带一路"教育法律、政策协同研究,构建沿线各国教育政策信息交流通报机制,为沿线各国政府推进教育政策互通提供决策建议,为沿线各国学校和社会力量开展教育合作交流提供政策咨询。积极签署双边、多边和次区域教育合作框架协议,制定沿线各国教育合作交流国际公约,逐步疏通教育合作交流政策性瓶颈,实现学分互认、学位互授联授,协力推进教育共同体建设。

助力教育合作渠道畅通。推进"一带一路"国家间签证便利化,扩大教育领域合作交流,形成往来频繁、合作众多、交流活跃、关系密切的携手发展局面。鼓励有合作基础、相同研究课题和发展目标的学校缔结姊妹关系,逐步深化拓展教育合作交流。举办沿线国家校长论坛,推进学校间开展多层次多领域的务实合作。支持高等学校依托学科优势专业,建立产学研用结合的国际合作联合实验室(研究中心)、国际技术转移中心,共同应对经济发展、资源利用、生态保护等沿线各国面临的重大挑战与机遇。打造"一带一路"学术交流平台,吸引各国专家学者、青年学生开展研究和学术交流。推进"一带一路"优质教育资源共享。

促进沿线国家语言互通。研究构建语言互通协调机制,共同开发语言互通开放课程,逐步将沿线国家语言课程纳入各国学校教育课程体系。拓展政府间语言学习交换项目,联合培养、相互培养高层次语言人才。发挥外国语院校人才培养优势,推进基础教育多语种师资队伍建设和外语教育教学工作。扩大语言学习国家公派留学人员规模,倡导沿线各国与中国院校合作在华开办本国语言专业。支持更多社会力量助力孔子学院和孔子课堂建设,加强汉语教师和汉语教学志愿者队伍建设,全力满足沿线国家汉语学习需求。

推进沿线国家民心相通。鼓励沿线国家学者开展或合作开展中国课题研究,增进沿线各国对中国发展模式、国家政策、教育文化等各方面的理解。建设国别和区域研究基地,与对象国合作开展经济、政治、教育、文化等领域研究。逐步将理解教育课程、丝路文化遗产保护纳入沿线各国中小学教育课程体系,加强青少年对不同国家文化的理解。加强"丝绸之路"青少年交流,注重利用社会实践和志愿服务、文化体验、体育竞赛、创新创业活动和新媒体社交等途径,增进不同国家青少年对其他国家文化的理解。

推动学历学位认证标准连通。推动落实联合国教科文组织《亚太地区承认高等教育资历公约》,支持教科文组织建立世界范围学历互认机制,实现区域内双边多边学历学位关联互认。呼吁各国完善教育质量保障体系和认证机制,加快推进本国教育资历框架开发,助力各国学习者在不同种类和不同阶段教育之间进行转换,促进终身学习社会建设。共商共建区域性职业教育资历框架,逐步实现就业市场的从业标准一体化。探索建立沿线各国教师专业发展标准,促进教师流动。

(二)开展人才培养培训合作

实施"丝绸之路"留学推进计划。设立"丝绸之路"中国政府奖学金,为沿线各国专项培养行业领军人才和优秀技能人才。全面提升来华留学人才培养质量,把中国打造成为深受沿线各国学子欢迎的留学目的地国。以国家公派留学为引领,推动更多中国学生到沿线国家留学。坚持"出国留学和来华留学并重、公费留学和自费留学并重、扩大规模和提高质量并重、依法管理和完善服务并重、人才培养和发挥作用并重",完善全链条的留学人员管理服务体系,保障平安留学、健康留学、成功留学。

实施"丝绸之路"合作办学推进计划。有条件的中国高等学校开展境外办学要集中优势学科,选好合作契合点,做好前期论证工作,构建人才培养模式、运行管理模式、服务当地模式、公共关系模式,使学校顺利落地生根、开花结果。发挥政府引领、行业主导作用,促进高等学校、职业院校与行业企业深化产教融合。鼓励中国优质职业教育配合高铁、电信运营等行业企业走出去,探索开展多种形式的境外合作办学,合作设立职业院校、培训中心,合作开发教学资源和项目,开展多层次职业教育和培训,培养当地急需的各类"一带一路"建设者。整合资源,积极推进与沿线各国在青年就业培训等共同关心领域的务实合作。倡议沿线国家之间开展高水平合作办学。

实施"丝绸之路"师资培训推进计划。开展"丝绸之路"教师培训,加强先进教育经验交流,提升区域教育质量。加强"丝绸之路"教师交流,推动沿线各国校长交流访问、教师及管理人员交流研修,推进优质教育模式在沿线各国互学互鉴。大力推进沿线各国优质教学仪器设备、教材课件和整体教学解决方案输出,跟进教师培训工作,促进沿线各国教育资源和教学水平均衡发展。

实施"丝绸之路"人才联合培养推进计划。推进沿线国家间的研修访学活动。鼓励沿线各国高等学校在语言、交通运输、建筑、医学、能源、环境工程、水利工程、生物科学、海洋科学、生态保护、文化遗产保护等沿线国家发展急需的专业领域联合培养学生,推动联盟内或校际教育资源共享。

(三)共建丝路合作机制

加强"丝绸之路"人文交流高层磋商。开展沿线国家双边多边人文交流高层磋商,商定"一带一路"教育合作交流总体布局,协调推动沿线各国建立教育双边多边合作机制、教育质量保障协作机制和跨境教育市场监管协作机制,统筹推进"一带一路"教育共同行动。

充分发挥国际合作平台作用。发挥上海合作组织、东亚峰会、亚太经合组织、亚欧会议、亚洲相互协作与信任措施会议、中阿合作论坛、东南亚教育部长组织、中非合作论坛、中巴经济走廊、孟中印缅经济走廊、中蒙俄经济走廊等现有双边多边合作机制作用,增加教育合作的新内涵。借助联合国教科文组织等国际组织力量,推动沿线各国围绕实现世界教育发展目标形成协作机制。充分利用中国-东盟教育交流周、中日韩大学交流合作促进委员会、中阿大学校长论坛、中非高校 20+20 合作计划、中日大学校长论坛、中韩大学校长论坛、中俄大学联盟等已有平台,开展务实教育合作交流。支持在共同区域、有合作基础、具备相同专业背景的学校组建联盟,不断延展教育务实合作平台。

实施"丝绸之路"教育援助计划。发挥教育援助在"一带一路"教育共同行动中的重要作用,逐步加大教育援助力度,重点投资于人、援助于人、惠及于人。发挥教育援助在"南南合作"中的重要作用,加大对沿线国家尤其是最不发达国家的支持力度。统筹利用国家、教育系统和民间资源,为沿线国家培养培训教师、学者和各类技能人才。积极开展优质教学仪器设备、整体教学方案、配套师资培训一体化援助。加强中国教育培训中心和教育援外基地建设。倡议各国建立政府引导、社会参与的多元化经费筹措机制，通过国家资助、社会融资、民间捐赠等渠道，拓宽教育经费来源，做大教育援助格局，实现教育共同发展。

开展"丝路金驼金帆"表彰工作。对于在"一带一路"教育合作交流和区域教育共同发展中做出杰出贡献、产生重要影响的国际人士、团队和组织给予表彰。

五、中国教育行动起来

中国倡导沿线各国建立教育共同体，聚力推进共建"一带一路"，首先需要中国教育领域和社会各界率先垂范、积极行动。

加强协调推动。加强国内各部门各地方的统筹协调工作，有序开展"一带一路"教育合作交流。推动中国教育治理体系完善、相关法律法规修订和教育综合改革，提升中国开展"一带一路"教育行动的质量和水平。教育部与国家发展改革委、外交部、商务部等部门和全国性行业组织紧密配合，围绕共建"一带一路"大局，寻找合作重点，建立运行保障机制，畅通教育国际合作交流渠道，对接沿线各国教育发展战略规划。

地方重点推进。突出地方推进共建"一带一路"的主体性、支撑性和落地性，要求各地发挥区位优势和地方特色，抓紧制订本地教育和经济携手走出去行动计划，紧密对接国家总体布局。有序与沿线国家地方政府建立"友好省州""姊妹城市"关系，做好做实彼此间人文交流。充分利用地方调配资源优势，积极搭建海内外平台，促进校企优势互补、良性合作、共同发展。多措并举，支持指导本地教育系统与"一带一路"沿线国家广泛开展合作交流，打造教育合作交流区域高地，助力做强本地教育。

各级学校有序前行。各级各类学校秉承"己欲立而立人"的中国传统，有序与沿线各国学校扩大合作交流，整合优质资源走出去，选择优质资源引进来，兼容并包、互学互鉴，共同提升教育国际化水平和服务共建"一带一路"能力。中小学校要广泛建立校际合作交流关系，重点开展师生交流、教师培训和国际理解教育。高等学校、职业院校要立足各自发展战略和本地区参与共建"一带一路"规划，与沿线各国开展形式多样的合作交流，重点做好完善现代大学制度、创新人才培养模式、提升来华留学质量、优化境外合作办学、助推企业成长等各项工作的协同发展。

社会力量顺势而行。开展更大范围、更深层次、更高水平的"一带一路"教育民间合作交流，吸纳更多民间智慧、民间力量、民间方案、民间行动。大力培育和发展我国非营利组织，通过购买服务、市场调配等举措，大力支持社会机构和专业组织投身教育对外开放事业，活跃民间教育国际合作交流。加快推动教学仪器和中医诊疗服务走出去步伐，支持企业和个人按照市场规则依法参与中外合作办学、合作科研、涉外服务等教育对外开放活动。企业要积极与学校合作走出去，联合开展人才培养、科技创新和成果转化，积极服务"一带一路"国家经贸发展。

助力形成早期成果。实施高度灵活、富有弹性的合作机制，优先启动各方认可度高、条件成熟的项目,明确时间节点,争取短期内开花结果。2016 年,各省市制订并呈报本地"一带一路"教育行动计划,有序推进教育互联互通、人才培养培训及丝路合作机制建设。2017 年,基于三方面重点合作的沿线各国教育共同行动深入开展。未来 3 年,中国每年面向沿线国家公派留学生 2500 人;未来 5 年,建成 10 个海外科教基地,每年资助 1 万名沿线国家新生来华学习或研修。

六、共创教育美好明天

独行快,众行远。合作交流是沿线各国共建"一带一路"教育共同体的主要方式。通过教育合作交流,培养高素质人才,推进经济社会发展,提高沿线各国人民生活福祉,是我们共同的愿望。通过教育合作交流,扩大人文往来,筑牢地区和平基础,是我们共同的责任。

中国愿与沿线各国一道,秉持开放合作、互利共赢理念,共同构建多元化教育合作机制,制订时间表和路线图,推动弹性化合作进程,打造示范性合作项目,满足各方发展需要,促进共同发展。

中国教育部倡议沿线各国积极行动起来,加强战略规划对接和政策磋商,探索教育合作交流的机制与模式,增进教育合作交流的广度和深度,追求教育合作交流的质量和效益,互知互信、互帮互助、互学互鉴,携手推动教育发展,促进民心相通,构建"一带一路"教育共同体,共创人类美好生活新篇章。

后 记

本书是张德祥教授主持的中国高等教育学会高等教育科学研究"十三五"规划重大攻关课题"'一带一路'国家高等教育政策法规研究"（16ZG003）的研究成果。

本书由张德祥教授和李枭鹰教授负责总体规划、设计和架构，确定编译的主旨与核心，组织人员搜集、选取、翻译和整理这些国家的相关教育政策法规，最后审阅书稿。本书由大连民族大学外国语学院 耿智 教授，大连理工大学人文与社会科学学部教育管理专业 2018 级博士生耿宁荷，大连民族大学外国语学院王玉平副教授及赤峰学院夏莹讲师负责编译；南开大学外国语学院英语语言文学专业 2019 级博士生汤琦，海南大学外国语学院翻译专业 2016 级硕士生莫眉参与了部分初译和资料整理工作。这些政策法规原有语言为英语。本书由大连民族大学外国语学院 耿智 教授统稿。

本书的出版得到了中国高等教育学会、大连理工大学出版社的大力支持，课题组在此深表感谢！

课题组